AI

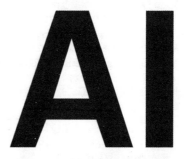

赋能写作

AI大模型
高效写作一本通

蔡越〇 著

北京大学出版社
PEKING UNIVERSITY PRESS

内 容 提 要

本书以ChatGPT为科技行业带来的颠覆性革新为起点，深入探讨了人工智能大模型如何为我们的创作提供强大支持。本书旨在帮助创作者更好地理解AI的价值，并充分利用其能力提升写作效率和质量。

本书共7章，全面阐述了ChatGPT如何帮助创作者突破写作瓶颈、建立坚实的创作基础，并提升成稿能力。此外，书中还详细介绍了在各类创意写作和职场写作领域中，如何利用ChatGPT进行高效创作。同时，本书还深入探讨了提示词在创作过程中所发挥的关键节点效应，以及ChatGPT如何帮助创作者塑造个人品牌价值，进而提升个人在职场中的发展空间。

本书以通俗易懂的语言和丰富的案例，为致力于提高写作效率的创作者、追求结构化表达的商业人士等群体提供了实用的指导。此外，本书还可以作为相关培训课程的教材使用，帮助读者更好地掌握人工智能大模型在写作中的应用。

图书在版编目(CIP)数据

AI赋能写作：AI大模型高效写作一本通 / 蔡越著. — 北京：北京大学出版社，2024.3

ISBN 978-7-301-34788-1

Ⅰ. ①A… Ⅱ. ①蔡… Ⅲ. ①人工智能 – 应用 – 写作Ⅳ. ①H05

中国国家版本馆CIP数据核字（2024）第007589号

书　　　　名	AI赋能写作：AI大模型高效写作一本通
	AIFUNENG XIEZUO: AI DA MOXING GAOXIAO XIEZUO YIBENTONG
著作责任者	蔡越 著
责 任 编 辑	王继伟　刘　倩
标 准 书 号	ISBN 978-7-301-34788-1
出 版 发 行	北京大学出版社
地　　　址	北京市海淀区成府路205号　　100871
网　　　址	http://www.pup.cn　　新浪微博:@北京大学出版社
电 子 邮 箱	编辑部 pup7@pup.cn　　总编室 zpup@pup.cn
电　　　话	邮购部 010-62752015　发行部 010-62750672　编辑部 010-62570390
印 刷 者	三河市博文印刷有限公司
经 销 者	新华书店
	880毫米×1230毫米　32开本　7.25印张　208千字
	2024年3月第1版　2024年3月第1次印刷
印　　　数	1–4000册
定　　　价	49.00元

由OpenAI公司推出的ChatGPT等人工智能大模型，代表了语言生成智能化特征的前沿科技成果，它深刻改变了人们与计算机之间的交互方式。这些大模型在帮助我们突破写作瓶颈、建立坚实的创作基础和提升成稿能力等方面发挥着重要作用，成为我们增强写作信心和提高表达技能的得力助手。

笔者的使用体会

在我们撰写不同类别的文章时，人工智能大模型都能够发挥相应的作用。

对于撰写那些篇幅较短、注重成稿速度的文章，大模型可以成为我们的生产力工具。我们可以直接与大模型进行交流生成稿件，这样一来，即使是个人创作者，也能够独自高效地搭建自媒体矩阵，在流量经济时代获取可观的流量收益。

对于撰写那些篇幅较长、需要进行创造性思考的文章，大模型可以成为我们的优秀助手。虽然大模型并不具备基本的好奇心与创造力，但是它可以在收集文章素材、阅读背景材料、聚焦内容定位等方面起到辅助作用。当大模型帮助我们更快地处理掉一系列机械性工作后，我们就能更好地聚焦于创造性工作，释放我们作为自主思考者的创作才华。

本书读者对象

- 对写作感兴趣的人群；
- 企业新媒体平台运营者；

- 高等院校学生；
- 希望高效办公的人群；
- 商业领域人士。

读者在阅读本书的过程中有任何想法或问题，欢迎通过邮件与笔者联系，笔者的常用电子邮箱是 bridgefuture@163.com。

目
Contents
录

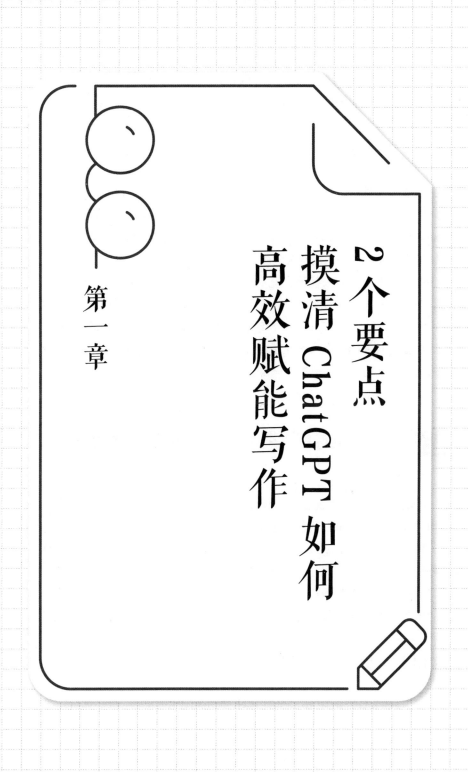

第一章

2个要点
摸清 ChatGPT 如何
高效赋能写作

如果要问 2023 年最受人们关注的科技产品是什么，那么答案无疑是由人工智能技术驱动的自然语言处理工具——人工智能大模型。从人类科技史的角度来看，2023 年将因为 ChatGPT 等人工智能大模型的广泛运用而成为一个具有里程碑意义的时间节点。

具有语言生成智能化特征的人工智能大模型，拥有高水平的自然语言交流能力，能够以流畅的方式与人类进行语言交流。因此，它能够从本质上革新人们与计算机之间的交互方式，并具备广阔的运用前景。在 ChatGPT 面世仅 2 个月后，其月活跃用户量便达到了 1 个亿，成为史上用户数量增长速度最快的消费级应用程序。

那么，人工智能大模型究竟有哪些神奇之处？ ChatGPT 这款名字里含有"Chat"（聊天）的前沿科技产品，又能为我们的写作提供哪些赋能呢？ 在本章中，我们将一一展开论述。通过了解 ChatGPT 带来的 3 大颠覆性革新与 ChatGPT 为写作赋予的 4 项能力，我们可以对大模型有更清晰的认知，从而为接下来学习与 ChatGPT 交互的进阶技巧打下基础。

1.1 | ChatGPT带来的3大颠覆性革新

ChatGPT 这类人工智能大模型的横空出世，受到了科技界与学术界的热切关注。在本节中，我们将了解 ChatGPT 及其背后的 AI 技术被评价为"几百年不遇"的原因，学习 ChatGPT 为人类带来的 3 大颠覆性革新，它们分别是语言生成智能化、可兼容性强大和经济效益明显。通过这样的学习，我们将加深对人工智能大模型的理解，并对用好 ChatGPT 这一强大的生产力工具有更多的信心。

1.1.1 语言生成智能化

美国 OpenAI 公司在 2022 年底推出的 ChatGPT 被视为一个"几百年不

遇"的里程碑，其背后支撑的关键因素，是人工智能大模型所具有的语言生成智能化特征。这种大模型能够赋予 ChatGPT 强大的能力，使其在自然语言处理领域展现出前所未有的智能化水平。

人工智能大模型是指由大量数据和复杂算法训练而成的、具有高度泛化能力的人工智能模型。这些模型通常基于深度学习技术，可以处理各种类型的任务，如自然语言处理、计算机视觉、语音识别等。与传统的模型相比，大模型具有更强的分析能力和表达能力，可以在更广泛的领域取得突破性成果。ChatGPT 大模型的工作机制大致可以划分为以下两个阶段。

（1）预训练阶段。在预训练阶段，ChatGPT 使用大量的无标签文本数据进行训练，这些数据可以是互联网上的文章、报道、书籍等。通过自监督学习的方式，ChatGPT 尝试预测每个输入文本的下一个词语。这个任务被称为语言模型训练。通过反复训练这个任务，ChatGPT 可以逐渐学习到大量的语言知识、语义关系和语法规则。

（2）微调阶段。在预训练完成后，ChatGPT 会进行微调以适应特定的任务或应用。在微调阶段，ChatGPT 使用有标签的数据集进行进一步的训练。这些数据集通常与特定任务相关，如生成对话、问答系统或客服聊天等。在特定任务上进行训练后，ChatGPT 能够学习到一系列更具体的语言生成能力。

通过预训练获得丰富的语言知识和模式，并通过微调在特定任务上进行优化，ChatGPT 能够适应多种用途各异的应用场景。这些机制相互配合，使 ChatGPT 可以理解人们用自然语言输入的问题，并生成自然、连贯的输出语言，从而实现语言生成的智能化。

具备高水平自然语言交流能力的 ChatGPT，能够以流畅的方式与人类进行语言交流。它可以在一定程度上理解人类的问题、意图和上下文，并生成言之有物的相应回答。

人工智能大模型的语言生成智能化特征的重要意义在于，它从根本上改变了人们与计算机之间的交互方式。

传统的人机交互方式，通常需要人们通过指令或特定格式与计算机进行交流，如Java、Ruby、Python等编程语言，而ChatGPT的自然语言交流能力可以最大幅度地减少这种限制。人们可以使用自己的语言风格、表达方式和问题描述与ChatGPT进行对话，就像与一位真实存在的、学识渊博的朋友对话一样。

人工智能大模型的这种自然语言交流，能够提供更加人性化和高效率的交互体验，使人们感到舒适和欣喜。

如果说，在过去只有计算机类专业出身的、掌握特定计算机编程语言的程序员，才能与人工智能进行频繁交互，那么在未来，数以亿计乃至十亿计的广大群体，都有机会让以ChatGPT为代表的人工智能大模型作为自己学习、工作与生活中的伙伴。

1.1.2　可兼容性强大

ChatGPT可兼容性强大的主要表现如下。

（1）多领域知识和语言理解。ChatGPT通过预训练阶段学习了大量的文本数据，积累了丰富的多领域知识和语言模式。这使得ChatGPT具备了广泛的语言理解能力，能够回答各种主题的问题，并提供了相关的背景信息和解释。

（2）个性化和定制化服务。ChatGPT可以根据客户的需求和上下文提供个性化的服务，如定制化的建议和解决方案。这种个性化和定制化的服务使ChatGPT能够适应不同客户和应用场景的需求。

（3）云端部署。ChatGPT能够基于云服务来部署，这使得ChatGPT可以快速响应变化的业务需求和增长，并支持各种规模的应用部署、自动化扩展和负载均衡等。

（4）快速响应和可扩展。ChatGPT具备快速响应和可扩展的特性。ChatGPT可以实时与人们进行对话，并快速生成回答和文本。ChatGPT的架构和设计使它能够应对大量的并发对话和请求，实现高效的交互和处理能力，这大大拓宽了ChatGPT的适用场景与行业。

以上一系列优势让ChatGPT可以凭借自身强大的可兼容性，被广泛应用于人类生活的方方面面。

（1）在教育和培训领域，ChatGPT 可用于个性化学习和教育支持。通过分析学生的学习需求和进度，ChatGPT 能够提供定制化的学习材料、答疑解惑和辅导建议。与 ChatGPT 的交互，也可以让学生获得针对性的学习体验，提高学习效果和兴趣。

（2）在客户服务领域，ChatGPT 能够作为客服代理，与客户进行实时对话，解答常见问题并提供支持。ChatGPT 可以理解客户的具体问题和需求，提供个性化的解决方案，并通过快速响应和扩展适用场景，满足大量客户的需求。

（3）在金融和保险领域，ChatGPT 可以为人们提供个性化的金融规划、保险方案和投资建议。ChatGPT 能够根据用户的财务状况、风险承受能力和目标，助力客户制定个性化的财务模型和解决方案。

（4）在市场营销和广告领域，ChatGPT 能够适用于市场调研、广告策划和个性化营销等多个环节。通过与潜在客户进行对话，ChatGPT 可以了解他们的需求、兴趣和偏好，并提供定制化的产品推荐和营销信息。

（5）在酒店和旅游领域，ChatGPT 可以作为旅游咨询机器人，协助客户进行预订、查询和退订等操作。ChatGPT 将自主分析客户的需求，并提供合适的方案，还可以根据客户的行为和反馈，不断优化服务体验。此外，ChatGPT 也可以将人们的偏好与酒店的评价信息相匹配，提供个性化推荐服务，提高客户满意度。

（6）在物流和供应链管理领域，ChatGPT 能够帮助供应链企业处理各种物流问题，如订单追踪、库存管理、发货时间安排等。ChatGPT 还能结合历史数据和实时信息，进行相关数据分析和预测。

（7）在文化艺术和表演活动领域，ChatGPT 可以协助文化和艺术机构，向人们提供数字化服务。ChatGPT 能够定制推送信息，向人们推荐有意思的展览、音乐会、话剧等活动。

（8）在能源和环保领域，ChatGPT 能够成为人们的智能化能源管理工具。ChatGPT 可以处理能源消耗数据，分析能源使用情况，提供可持续性解决方案。此外，ChatGPT 还可以帮助相关管理团队监控和预警环境污染，根据实时数据提供应急响应服务。

ChatGPT的落地应用场景之广泛，让ChatGPT完全具备"所有行业都可以用生成式AI工具重做一遍"的想象空间。

1.1.3　经济效益明显

如果只是可以智能化交互且能兼容多个行业，那么ChatGPT显然还无法与电力、互联网等划时代事物相提并论。ChatGPT对于人类的重大意义不仅体现在其开创性的对话生成能力，同时也体现在它所带来的经济效益的显著提升。通过颠覆性的创新，ChatGPT为各行各业提供了前所未有的商业价值，进一步推动了全球经济的繁荣发展。

诺贝尔经济学奖得主、伦敦政治经济学院教授克里斯托弗·皮萨里德斯（Christopher A. Pissarides）曾表示，ChatGPT可以实现生产力大幅提升。他甚至认为，ChatGPT极大改善了许多岗位的工作效率，从而有望开启每周四天工作制的大门。

自从1926年美国福特公司成为全球首家大规模推行五天工作制的企业以来，"做五休二"的惯例，已经有近百年未曾改动。

是什么让克里斯托弗·皮萨里德斯教授能乐观地畅想四天工作制的到来？答案是ChatGPT对于企业与个人效率的双重提升。

在提升企业的经营效率方面，ChatGPT能够带来以下利好。

（1）智能化数据分析。企业需要花费大量的时间和精力进行数据分析，以提高运营效率和优化业务决策。ChatGPT可以使用自然语言智能分析技术简化各部门的数据分析过程。通过分析市场趋势、客户需求、销售额和产品利润等关键指标，ChatGPT能够帮助企业制定有效的数据驱动策略。

（2）降低员工培训成本。ChatGPT可以根据特定的标准和规则，开发出适应各种场景的培训教材，如企业文化、产品知识和业务流程等。新员工可以快速了解公司的运营方式和流程，并且可以随时向ChatGPT提出问题并寻求指导。这将使整个培训过程更为高效，企业也能够迅速获得员工的归属感，并减少培训成本。

（3）提高生产效率。ChatGPT 能够通过自动化流程协助企业提高生产效率。通过自动运行重复性和烦琐性的任务，ChatGPT 可以削减这些工作需要消耗的各类资源，提高企业的整体经营效率。

（4）提升品质管理水平。ChatGPT 还可以用于品质管理和质量控制，降低相关的成本和风险。传统上，企业需要投入大量的人力资源和时间成本来监控产品和服务的质量，进行质量检测和问题解决。通过运用 ChatGPT，企业可以自动化执行品质管理流程，监控产品和服务的质量状况，并及时发现和解决问题。

在提升个人的综合效率方面，ChatGPT 能带来的益处也很多。

（1）节约开支和助力消费决策。ChatGPT 可以提供节省资金和购买决策方面的建议。通过运用 ChatGPT，人们可以获取关于产品对比、优惠信息和消费规划等方面的建议和推荐。这有助于人们控制开支、避免不必要的消费以及寻找优惠折扣信息，提高自身的储蓄能力。

（2）合理化日程安排。通过帮助人们规划时间表与安排日程，ChatGPT 可以根据实际情况提醒人们及时完成任务和会议。ChatGPT 还能够自动地为人们进行会议安排和预约，这将降低个人处理烦琐和重复任务的成本，从而提高工作效率。

（3）助力职业发展和薪资增长。ChatGPT 可以为人们提供个性化的职业发展和学习建议，从而帮助人们提升自身的技能和知识水平，实现职业晋升和薪资增长。通过运用 ChatGPT，人们可以获取职业规划建议、专业知识咨询和学习资源推荐。这有助于大家选择适合自己发展的职业道路，了解行业趋势和技能需求，提高自身竞争力，从而为未来的职业发展做出明智的决策。

ChatGPT 可以帮助企业与个人明显提升效率，并带来可观的经济效益。

美国供应链和建筑材料软件公司 DigiBuild 在 2023 年 4 月表示，他们公司在使用 ChatGPT 几个月后，被其提升到了一个新的水平。过去需要数百个小时使用笔记本、操作 Excel 以及打电话的工作，现在通过 ChatGPT 只需要不到一个小时就可以完成。可以看出，DigiBuild 公司及其员工们都在 ChatGPT 的助力下受益匪浅。

随着 ChatGPT 在未来的逐渐普及，会有更多企业与个人，将如克里斯托弗·皮萨里德斯教授预言的一样，迎来整体效率的大幅提升。

随着人工智能大模型的广泛应用，如何利用其颠覆性创新并结合具体行业场景为企业和个人赋能，将成为决定未来发展上限的关键因素。

1.2 | ChatGPT为写作赋予的4项能力

当我们将人工智能大模型本身具备的颠覆性优势与写作相结合后，我们会发现，ChatGPT 对我们创作的助力是多维度、高价值的。在本节中，我们可以通过 ChatGPT 为写作赋予的 4 项能力，即增强创作信心、提供全新灵感、提升写作技能以及提升文章质量，找到提升自己写作能力的突破口，从而用更从容、自信的心态面对今后的每一次创作。

1.2.1 增强创作信心

能为人类生活的诸多领域带来颠覆性革新的 ChatGPT，自然也将为我们的写作带来令人欣喜的益处。

事实上，对于名字中包含 "Chat"（聊天）的 ChatGPT 来说，写作无疑是它最能大显身手的领域之一。ChatGPT 的巨大创新价值，在于 ChatGPT 拥有以往的人工智能产品所不具备的智能化处理、生成语言的能力。当我们拥有这样一位可靠的助手后，我们的创作能力将有望获得大幅提升。

在 ChatGPT 等人工智能大模型为我们写作赋予的能力中，很容易被忽视但实际上却弥足珍贵的，是 ChatGPT 能增强我们的创作信心。"信心比黄金更重要"，这不仅适用于金融投资，也同样适用于各类技能的长期磨炼与精进，如写作。

有信心写好的人，早晚都会写好。ChatGPT 是帮助我们最终成为写作高手的重要伙伴。

首先，ChatGPT可以为写作者提供即时反馈。

对于任何一位写作者来说，获取即时反馈都是相当重要的。我们需要知道，我们的文字是否达到了预期效果，我们的表达是否准确，我们的故事是否引人入胜。然而在现实中，即时反馈的获得其实并不容易。

ChatGPT的出现可以有效解决这个问题。作为一款具有前沿技术的语言模型，ChatGPT能够立即分析我们的文字，提供即时反馈。无论是对句子的语法还是对段落的结构，又或者是对文章整体的故事线，ChatGPT都能提供一系列建议。这样的反馈，能让我们更清楚自己的写作状态，也能让我们及时调整写作方向，从而增强自身的创作信心。

其次，ChatGPT能够辅助写作者进行修改。

修改是写作过程中的重要环节，也是令许多写作者感到头痛的环节。如何才能高效地修改我们的文字，使之更好地表达我们的观点呢？这时，ChatGPT依然是我们的好帮手。

ChatGPT可以为我们提供修改建议，让我们看到自己的作品能够如何改进。这些建议可能涉及用词、句式、语法等多个方面，也可能是关于文章结构或者情节发展的。这些帮助让我们更有信心修改自己的作品，也让我们对自己的写作能力有更深的了解。

ChatGPT还可以帮助写作者提升自身的语言能力。拥有丰富的语言能力是写作者的重要素质。那么，如何才能有效地提升我们的语言能力呢？这时，ChatGPT的能力再次展现出来。

ChatGPT是由海量的文本训练出来的，它掌握了各种类型的文本与各种风格的语言。我们可以通过与ChatGPT进行交互，了解和学习新的词汇、新的表达方式。这样的学习，无疑能够扩大我们的语言储备知识，增强我们的语言能力，从而让我们更有信心进行创作。

此外，ChatGPT也能够帮助写作者更好地规划写作时间。

成绩斐然的写作者，往往离不开有效的时间管理。我们需要知道如何分配自己的写作时间，以保证我们的写作进度。同时，我们也需要有时间来放松和充电。

ChatGPT可以作为我们的写作助手，帮助我们进行时间管理。我们可以设置写作目标，然后让 ChatGPT 帮助我们追踪这些目标，提醒我们按时完成写作任务。这样的功能，可以使我们更合理地安排自己的写作时间，也能让我们更从容地面对写作任务。

最后，ChatGPT 可以帮助写作者更好地塑造故事中的角色。

在创作各类故事情节的时候，塑造鲜活的角色是一大挑战。如何才能让我们的角色更具生命力，也更具独特性？ChatGPT 仍然可以发挥可观的作用。ChatGPT 能够提供角色塑造的建议，如角色的背景、性格、动机等。这些建议可以帮助我们更深入地理解角色，并更有信心去塑造这些有血有肉的人物。

总之，无论是在获取反馈、修改作品、提升语言能力、规划写作时间还是在塑造故事角色等方面，ChatGPT 都能给我们提供不小的帮助。在这些帮助下，我们可以更有信心地面对各种写作挑战，我们的创作之旅也将变得更加便捷和顺畅。

1.2.2 提供全新灵感

当一些写作者满怀创作信心，拿起笔期待着大展身手时，他们可能会面临一个困境：完全不知道该写什么。

清代作家沈宗骞曾说："当夫运思落笔时，觉心手间勃勃欲发之势，便是机神初到之候。"这种境界自然令人心生向往，但我们也深知，完全依赖天赋的灵光闪现来进行创作，并不适合我们大多数人。此时，ChatGPT 为我们提供全新灵感的能力就变得至关重要。

首先，ChatGPT 能够帮助写作者指引创新的思路方向。

在创作过程中，我们有时难免会陷入思维定式，无法突破既有的框架，但 ChatGPT 可以为我们打开创新思路的大门。作为一款拥有前沿技术的生成式 AI 工具，ChatGPT 有着海量的语言和知识库，能够提供给我们之前从未想到过的新视角，这将激发我们的创新思维。我们还可以向 ChatGPT 提出问题，或者与它进行对话，从而获得新的想法和创意。

其次，ChatGPT 可以提供丰富的创作素材。

任何写作者都不应该忽视 ChatGPT 作为一个巨大创作素材库的价值。作为大型语言模型，ChatGPT 的学习过程涵盖了大量的文本，包括各种类型的书籍、报道和文案等。这意味着无论我们的创作主题是什么，ChatGPT 都有可能提供有价值的信息和建议。

当我们想要写一篇实用的干货文章时，或是想要写一段创意文案时，我们都可以让 ChatGPT 提供丰富的参考素材。这不仅可以为我们节省大量的时间，还可以让我们在遇到瓶颈时获得新的灵感。

不仅如此，ChatGPT 还可以帮助写作者发现新颖的选题。

在创作过程中，找到独特且富有吸引力的选题，一直都是一项巨大的挑战。ChatGPT 可以根据我们的需求和兴趣，提供各种可能的选题建议。这一强大的功能，使我们有机会探索到之前未曾接触过的新颖选题，从而为我们的创作带来更多可能性。

再次，ChatGPT 也可以为写作者提供全新的写作方式。

每种写作方式都有它们各自的特点和魅力。换一种方式进行写作，就像换一种语言去表达情感，可以为我们的创作注入全新的生命力。然而，要掌握和运用一种新的写作方式很不容易，这需要大量的阅读和练习。

ChatGPT 可以扮演一个写作教练的角色。ChatGPT 拥有各种各样写作方式的数据，它可以根据我们的需要，随时将不同的写作风格展示出来让我们参考。因此，我们能够在最短的时间内，自信地尝试和学习新的写作方式，为创作赋予全新的色彩。

最后，ChatGPT 可以为写作者提供新的故事设定。

在很多时候，故事设定都是我们创作的基础，一个好的设定可以使文章的内容更具吸引力。但新颖独特的设定，需要我们有广阔的知识视野和丰富的想象力。这时候，ChatGPT 可以提供巨大的帮助。

ChatGPT 能够根据我们的需求，生成多种我们从未想到过的故事设定，面对科幻、推理、悬疑等一系列类型，ChatGPT 都能得心应手。这个有趣的功能，可以使我们在短时间内得到大量的新故事设定，激发出我们的新灵感，最终助力我们创作。

ChatGPT 不仅能够帮助我们解开思维的束缚，提供丰富的素材和新颖的选题，还能让我们探索不同的写作方式，获取新的故事设定灵感。有了这类强大的生成式 AI 工具，我们完全可以更自由、更富创意地进行写作。

1.2.3 提升写作技能

将心中的灵感转化为笔下的文字，需要写作者拥有娴熟的创作技能。

刘勰在《文心雕龙》中指出，"情者文之经，辞者理之纬，经正而后纬成，理定而后辞畅：此立文之本源也。"对于写作者来说，有了想要表达的灵感是不够的，还需要用思路清晰的文字和逻辑合理的句式把灵感表达出来。

当然，得心应手的表达技巧是一门博大精深的技艺，需要我们持续磨炼，不断精进。在这个过程中，我们应该重视 ChatGPT 在提升写作技能方面的一系列赋能，更高效地提升自身的创作水平。

首先，ChatGPT 可以帮助写作者提升金句撰写技巧。

文章中的金句如同闪烁的珍珠，散发着耀眼的光辉。然而，写出这类能让人留下深刻印象的金句并非易事，这需要我们具备较强的洞察力、敏锐的感知力以及高超的语言技巧。

ChatGPT 可以成为我们撰写金句的得力助手。基于大量文本预训练的 ChatGPT，早已掌握了各种类型的文本和各种风格的语言，可以提供关于各类金句的撰写建议。在参考这些建议并了解了金句的构成后，我们将更快学会如何在自己的文章中创作出闪光的金句。

其次，ChatGPT 能够帮助写作者提升文章结构设计技巧。

严谨而有力的文章结构，就像是一座坚固大厦的地基，它能够使整篇文章逻辑清晰，内容有序。但是，也只有在对文章的主题、内容、逻辑等有深入理解后，写作者才能设计出优秀的文章结构。

ChatGPT 的出现为我们带来了可观的帮助。ChatGPT 可以分析我们的写作思路，为我们提供如何设计出优秀的文章结构的建议。这些建议可能涉及段落的组织、主题的发展、论点的提出等。通过这样详尽的反馈，我们就可以更好地理解文章结构的设计，提高我们的写作技能。

再次，ChatGPT 可以帮助写作者提升撰写标题的能力。

吸引人的标题，往往具有"点石成金"般的奇效，能够引发读者的关注与兴趣，让读者愿意投入时间来阅读我们的文字。但是，标题的撰写也极大地考验写作者对文字的提炼能力。

ChatGPT 可以根据我们文章的主要内容，为我们提供标题撰写方面的建议。这些基于海量数据训练的建议，可以帮助我们了解如何从文章内容中提炼标题，以及如何运用语言技巧来吸引读者的关注。长此以往，我们可以在学习中提升自身的标题写作技能，让我们的文章更具吸引力。

不仅如此，ChatGPT 可以帮助写作者提升文章开头和结尾的撰写技巧。

文章的开头和结尾如同门面和封底，关系到读者对整部作品的第一印象和最终感受。一个精彩的开头，可以激发读者的兴趣，让大家愿意阅读；而一个接近完美的结尾，可以给读者留下深刻的印象，让大家久久沉浸于文字的氛围之中。

ChatGPT 可以根据我们的文章主题和内容，为我们提供开头和结尾的撰写建议。这些建议可以帮助我们理解如何设计引人入胜的开头，如何撰写令人回味的结尾，从而提升我们的写作技能，让我们的文章更受读者欢迎。

最后，ChatGPT 还可以帮助写作者改善修辞技巧。

修辞是提高文章表现力的重要手法，掌握更丰富的修辞技巧，可以使我们的文章更丰富。当然，修辞技巧的运用，很大程度上取决于我们的阅读经验和写作实践，想要速成并不容易。

在这方面，ChatGPT 同样能够给予我们巨大的支持。ChatGPT 能够根据我们的需求，为我们生成包含各种修辞手法的文本作为参考。这不仅可以帮助我们快速理解和掌握这些修辞手法，也可以提升我们举一反三的能力，帮助我们在自身的写作中更好地运用修辞技巧。

不难发现，通过提供撰写金句的技巧、设计文章结构的技巧、撰写标题的技巧、撰写文章开头和结尾的技巧以及改善修辞的技巧，ChatGPT 能够帮助我们在多个方面提升写作技能。通过这些技能的提升，我们的文字将变得更为精炼和有力，我们的创作能力也将由此显著提升。因此，对我们来说，ChatGPT 不仅是一个辅助写作的工具，还是一位贴心的伙伴，帮助我们在写作的道路上不断进步，砥砺前行。

1.2.4 提升文章质量

阻碍我们高效写作的最后一个难题是提升文章整体质量。

古希腊作家伊索有一句名言：美好的东西在质不在量。创作出如同《伊索寓言》一样富有洞察力和人性光辉的作品，无疑是很多写作者的长期追求。然而，高品质的内容需要写作者不仅具有高超的写作技巧，还具有丰富的知识、清晰的逻辑以及敏锐的洞察力等。无论是新媒体文章作者还是主流文学作家，都盼望能够持续提升作品质量，高效地写出颇有含金量与创新性的文字。

ChatGPT 在提升文章整体质量方面为写作者提供的赋能，此时将发挥至关重要的作用。

首先，ChatGPT 可以帮助写作者提高语言的准确性。

在所有体裁文章的写作中，对语言准确性的锤炼都是必不可少的。有时候文章中的一个微小语言错误，可能会让我们的观点变得模糊，甚至误导很多读者。

对此，拥有强大语法和拼写检查功能的 ChatGPT，可以帮助我们及时发现和纠正这些错误。更重要的是，ChatGPT 还能基于自身对大量文本的学习，为我们提供精确表达想法的词汇和句型建议。这样的帮助，让我们的语言表达更为准确，同时也将提升我们文字的品质。

其次，ChatGPT 能够帮助写作者提高文章的逻辑性。

在文章中，清晰的逻辑线索是保证读者理解和跟随写作者思路的关键。如果文章中出现逻辑混乱的语句，读者就可能会对此感到困惑，甚至失去阅读的兴趣。

在这方面，ChatGPT 可以帮助我们分析文章的逻辑结构，提供有关段落组织和主题发展的一系列建议。这些建议可以帮助我们构建更清晰的行文逻辑，让读者能够更顺畅地理解我们的文章。

ChatGPT 还可以帮助写作者增强文章的趣味性。增强趣味性可以让文章更具吸引力、可读性和娱乐性，进而提升读者对内容的参与度、理解力和记忆力。因此，更有趣味的文章，将在传播知识、启发思考和建立情感连接等方面，发挥出更重要的作用。

ChatGPT 的价值可以在这个时候再次派上用场。ChatGPT 在 OpenAI 公司提供的大量预训练后，在表达人类的情绪和心理等方面，具有以往的生成式 AI 工具所不具备的优势。ChatGPT 可以根据我们的文章主题和内容，为我们提供有关如何增加趣味元素的建议。这些建议可以协助我们在适当的地方加入幽默、惊喜或其他趣味元素，让我们的文章更有趣。

此外，ChatGPT 还可以帮助写作者提高文章的艺术性。

要提升创作内容的艺术性，不仅需要精练的语言，还需要对美的敏锐感知。在这方面，ChatGPT 通过对大量文学作品的学习，已经积累了较为丰富的艺术性表达方式。经由合理的提问，ChatGPT 可以为我们的文章提供富有艺术感的表述建议，甚至是为文章加入诗歌、故事等亮点元素，让我们的文章更富有吸引力。这类具有艺术气息的内容，将有效助力文章整体质量的提升。

最后，ChatGPT 可以帮助写作者增加文章的深度。

有思想深度的文章，能够为读者提供新颖见解与独特知识，激发读者的思考，并促使大家对复杂的问题进行深入实践与探索。因此，创作出这样的文章，不仅能增强写作者本人的满足感，还能在很大程度上激活读者的创新思维和求真精神，是非常有利于内容行业整体发展的好事。

无论是在丰富的信息和精准的语言方面，还是在深入地洞察和独特的视角方面，ChatGPT 都能为我们提供有价值的参考。ChatGPT 可以通过深度学习和大数据分析，为我们提供多元化的参考信息和有力量的新颖观点。这些颇具实用性的参考资料，可以帮助我们提升文章的内涵，使文字触及更多读者的心灵。

ChatGPT 通过帮助我们提高语言的准确性、提高文章的逻辑性、增强文章的趣味性、提高文章的艺术性以及增加文章的深度，为我们提升文章的质量做出贡献。在这个过程中，我们不仅可以提高自己的创作水平，还能通过创作出更有品质的内容来回馈读者对我们的信任。

让写作者能够更自信、更熟练、更有成就感地创作，这就是人工智能大模型为我们带来的重要价值。

3个步骤

洞察提示词如何

发挥关键节点效应

第二章

在本章中，通过了解提示词、提示工程的概念与作用，我们将认识到优秀提示词的非凡价值。在此基础上，通过对塑造高成就角色、给出开放性指令、设定期望目标这 3 个步骤的学习，我们可以更好地掌握提示词撰写的底层思维，从而更熟练地运用提示词的关键节点效应，使 ChatGPT 陪伴我们走向更深、更广的知识领域。

2.1 | 塑造高成就角色的2个技巧

如何快速提高 ChatGPT 生成答案的整体质量？在本节中，我们将了解撰写优秀提示词的 HOT 法则，并通过认识扮演高成就角色、引导交流语境这 2 个技巧，了解为 ChatGPT 塑造高成就角色的意义和价值。

2.1.1 扮演高成就角色

既然 ChatGPT 从本质上革新了我们与计算机之间的交互方式，那么，这个全新的交互节点是什么呢？

这个问题的答案，就是我们了解与 ChatGPT 交互的进阶技巧的关键，也是我们将于本节重点探讨的概念：提示词。

提示词是指我们在与 ChatGPT 进行对话或提问时，为了引导 ChatGPT 生成我们所期望的答案而提供的关键信息。提示词这一引导式的语言工具，启动并塑造了我们与 ChatGPT 的对话路径。

通过提示工程也就是经由设计和优化提示词的方式，提高 ChatGPT 生成答案整体质量的工作过程，我们可以在与 ChatGPT 的对话中不断引导，让 ChatGPT 实现从回答简单问题到输出复杂内容的神奇迭代。

被誉为"ChatGPT 之父"的山姆·阿尔特曼曾多次表示："编写非常棒的提示词，是一项惊人的高杠杆技能。"

由此我们可以看出优秀提示词的非凡价值：它将人类的创造力、同理心，与ChatGPT的运算力、搜索力有机结合在一起，创造出丰富的可能性，为我们打开越来越多的未知世界。

如何才能更好地发挥提示词的节点效应，尽可能地使ChatGPT陪伴我们走向更深、更广的知识领域呢？撰写优秀提示词的方法，可以被总结为HOT法则，其3个步骤如下。

H：高成就角色（High Achiever），表示"塑造高成就角色"的步骤，有扮演高成就角色、引导交流语境2个技巧。

O：开放（Openness），表示"给出开放性指令"的步骤，有多角度思考问题、明确具体任务步骤、提供上下文内容、分解复杂问题4个技巧。

T：目标（Target），表示"设定期望目标"的步骤，有指定语言风格、提供输出格式、要求多元答案3个技巧。

在ChatGPT扮演高成就角色回答问题的基础上，我们给出开放性指令，在设定期望目标后，将得到ChatGPT言之有物、提纲挈领的回答。我们可以先来分析扮演高成就角色这个技巧。

也许有人会好奇，向ChatGPT提问，还需要先用语言明示ChatGPT扮演一个角色？直接抛出问题难道不行？

事实上，这个步骤不仅不多余，还在相当程度上决定了ChatGPT回答品质的关键。

在通常的默认状态下，ChatGPT会以一种通用的、面向大众的方式回答问题。如果我们是把ChatGPT当作打发时间的闲聊伙伴，不让ChatGPT扮演特定角色，那么这样并无问题。如果我们是把ChatGPT当作提升效率的生产力工具，那么，只有让ChatGPT扮演一位特定领域的高成就角色，ChatGPT才有可能给出定制化、专业化的回答。比如下面这个例子。

输入问题： 你是一位物理学家。请告诉我，物理学家杨振宁对物理学界的贡献有哪些，他能与哪些物理学家相提并论。

🌀 **ChatGPT：** 杨振宁是一位在物理学界有着极高声望和影响力的物理学家。他的科学贡献涉及几个关键领域，包括粒子物理学、统计力学和凝聚态物理学。

他最为人所知的成就是他与李政道共同提出了"宇称不守恒定律"。他们发现，不同于其他基本物理过程，弱相互作用并不遵守宇称对称性，即它在镜像反射后的行为会发生变化。他们因此在 1957 年共同获得了诺贝尔物理学奖。这个发现是量子场论和粒子物理的一个关键突破，至今仍对物理学界有深远影响。

此外，杨振宁对于量子力学和热力学理论的发展也有重要贡献。他与罗伯特·米尔斯共同提出的杨-米尔斯理论，已经成为描述强相互作用粒子的基础理论，并对现代粒子物理学的标准模型产生了深远影响。

在众多物理学家中，杨振宁处在极其重要的位置。他的发现和理论打开了新的科学领域，影响了物理学的诸多分支。他不仅与众多伟大的物理学家如费曼、狄拉克和爱因斯坦等人并列，更是作为亚洲，尤其是华人物理学界的一位杰出代表，在全球科学界都受到广泛认可和尊重。

我们发现，在扮演了物理学家这一高成就角色后，ChatGPT 给出的回答有理有据，可以很清晰地论述杨振宁的重要学术贡献，从而使"与众多伟大的物理学家如费曼、狄拉克和爱因斯坦等人并列"的评价充满说服力。即使是完全不了解 20 世纪物理学进展的人，也能通过 ChatGPT 的这个回答，对这位杰出物理学家的贡献有准确的认识。

扮演高成就角色的提示词撰写技巧，也能运用到写作领域中。

输入问题： 你是一位科幻作家。请介绍一下，艾萨克·阿西莫夫对科幻文学界的影响有多大；阅读他的哪部作品，能让我迅速了解他的写作风格呢？

⑥ ChatGPT： 艾萨克·阿西莫夫对科幻文学的影响是深远的，他以独特的视角和深厚的科学背景，开创了科幻文学的新领域。他的写作将科技的深度与人性的广度完美融合，通过鲜活的故事描绘出了未来社会的可能性。他的机器人学三定律和心理史学理论，至今仍对科幻文学有深远影响。

要迅速了解艾萨克·阿西莫夫的写作风格，我推荐你阅读《我，机器人》和《基地》系列。《我，机器人》是艾萨克·阿西莫夫对机器人学三定律进行深度探讨的作品，通过一系列引人入胜的短篇故事，它展示了艾萨克·阿西莫夫对于人工智能的深刻洞察。而《基地》系列则从更宏大的视角，展示了艾萨克·阿西莫夫对文明发展规律的独特见解。这两部作品都深深体现了艾萨克·阿西莫夫将科学原理融入故事情节，同时探索人性和社会的写作风格。

扮演科幻作家的 ChatGPT，能够为我们提供专业且精确的回答，让我们迅速找到艾萨克·阿西莫夫数百本著作中最值得读的代表作。让ChatGPT 扮演高成就角色，将在很大程度上提升我们与 ChatGPT 交流的质量和效率。

2.1.2　引导交流语境

如何让 ChatGPT 扮演的高成就角色，为我们提供更具有说服力、逻辑清晰的回答？

这时，我们需要用到塑造高成就角色的第 2 个技巧：引导交流语境。

交流语境可以理解为对话的背景或者环境，包括时间、地点、对象、事件等一系列因素。在人与人的对话中，交流语境的作用就十分明显。当我们与别人交谈时，我们通常是基于一定的语境进行的。比如，在职场环境下，我们会使用专业术语；而在家庭环境中，我们可能更偏向于日常生活的话题。

同样，当我们与 ChatGPT 交流时，也应该提供尽可能清晰的语境，引导 ChatGPT 扮演的高成就角色给出更具有专业性和相关性的回答。比如下面这个例子。

输入问题： 你是一位专业导游。我和 3 位朋友要去阿姆斯特丹附近旅游，行程一共 3 天，请为我提供一份旅游景点的建议，我们重点想参观阿姆斯特丹及其周边的文化艺术建筑和自然风光。

◎ ChatGPT： 阿姆斯特丹是荷兰的首都，这个城市拥有众多旅游景点和历史遗产，以及独特的城市风光。以下是我为你和你的朋友们提供的旅游景点建议。

第一天

梵高美术馆：这个美术馆是向荷兰著名的画家文森特·威廉·梵高致敬的

地方，你可以在这里看到他的许多作品。

阿姆斯特丹市立博物馆：这是荷兰最大的艺术和历史博物馆，里面收藏了众多欧洲艺术家的艺术作品，其中包括伦勃朗的《夜巡》等著名画作。

安妮之家：在这个博物馆，你可以了解到"二战"时期的历史和安妮·弗兰克的生活。

第二天

辛格花市：这是世界上唯一的水上花市，你可以在这里购买各种鲜花和种子。

阿姆斯特丹皇宫：这个皇宫是阿姆斯特丹的地标之一，你可以在此了解荷兰的历史。

第三天

桑斯安斯风车村：在离阿姆斯特丹不远的地方，你可以看到荷兰著名的风车和风景如画的村庄。

乌特勒支：这是一个距离阿姆斯特丹约 45 分钟车程的城市，有许多历史建筑和美丽的运河。

以上是为你们精心准备的景点建议，希望你们在阿姆斯特丹度过一段美好的时光！

通过在提示词中给出具体的时间、地点、对象等内容，扮演着导游的 ChatGPT 能够迅速进入角色，专业地给出侧重于阿姆斯特丹文化艺术建筑和自然风光的旅游景点建议。

同样，引导交流语境的技巧，也适用于写作领域。

输入问题： 你是一位历史学家。我想写一篇小说，主角是生活在中世纪欧洲的平民，请问主角在此时期应该吃什么食物才符合史实？

⊛ ChatGPT：在中世纪欧洲，平民阶层的基本食物有以下几种。

黑面包：中世纪欧洲的平民经常食用黑面包，它是用粗糠和麦麸制成的。这种面包较为平价，是主要的碳水化合物来源。

粥类：粥是一种常见的主食，由水与谷物煮制而成。它可以是简单的单一成分，也可以加入蔬菜等食物。

> 豆类：豆类是平民饮食中的重要组成部分。常见的豆类包括扁豆、豌豆、鹰嘴豆等。豆类富含蛋白质，是补充营养的重要来源。
>
> 综上所述，如果您的小说主角是生活在中世纪欧洲的平民，他们可能有黑面包、粥类与豆类等食物。这些食物可以为您的故事增添真实感，并反映当时平民阶层的饮食习惯。

在提示词的引导下，ChatGPT迅速进入了角色，提供了颇具专业性的回答。

在未来的对话中，我们也应该善用塑造高成就角色的步骤，并通过让ChatGPT扮演高成就角色、引导交流语境这两个技巧，让ChatGPT沉浸于自身所扮演的角色，精准、高效地给出有真才实学的回答。

2.2 | 给出开放性指令的4个技巧

使用ChatGPT与使用搜索引擎究竟有什么不同？问出怎样的问题，才意味着我们是与ChatGPT交流过程中的优秀"出题者"？我们将在本节中认识给出开放性指令的重要性，并了解多角度思考问题、明确具体任务步骤、提供上下文内容和分解复杂问题4个技巧。

2.2.1 多角度思考问题

通过"塑造高成就角色"这个步骤，ChatGPT成了更好的"答题者"。接下来我们还需要了解"给出开放性指令"这个步骤，让我们成为更好的"出题者"。

在与ChatGPT交流时，为什么学会问开放性问题是成为优秀"出题者"的必由之路？

这是因为，封闭性问题主要用于获取具体事实，当我们需要问"阿彼察邦·韦拉斯哈古导演是哪国人"这类问题时，更方便的工具其实是搜索引擎。当我们需要激发ChatGPT的创造力和想象力，使ChatGPT提供更多独特的见解和观点时，问开放性问题将是更好的做法。

那么，给出开放性指令有哪些技巧？我们首先需要了解的是多角度思考问题。

当我们面临一个涉及面较广的问题时，如果我们只从一个角度看待这个问题，可能就会忽视问题的其他方面，从而无法得出全面的结论。只有从多个角度去看待这类问题，才能更全面地理解问题，最终让ChatGPT给出高品质的回答。比如下面这个例子。

输入问题： 你是一位城市规划专家。请分别从科技、经济、文化、艺术的角度告诉我，成功举办 G20 杭州峰会给杭州带来的积极影响有哪些。

🌀 **ChatGPT：** 作为城市规划专家，我会尝试分别从科技、经济、文化、艺术的角度来探讨 G20 杭州峰会给杭州带来的积极影响。

科技：G20 峰会可以提升杭州在全球科技领域的地位。杭州已经是阿里巴巴等科技巨头的总部所在地，峰会的举办进一步提升了杭州的全球知名度，吸引更多科技公司和创新项目来到这里。此外，为了保障峰会的顺利进行，杭州也进行了大量的科技基础设施建设和升级，如智慧城市建设、大数据中心、智能交通系统等，这些都将对杭州的长期发展产生积极影响。

经济：G20 峰会为杭州带来了大量的经济活动，从短期的旅游消费、会议服务到长期的投资项目，都为杭州带来了经济增长。此外，峰会也增强了杭州作为国际商业中心的形象，有利于杭州吸引更多的外国投资和人才。

文化：作为中国的历史文化名城，杭州有丰富的文化遗产。G20 峰会的举办提高了杭州的国际知名度，带来了更多的国际游客，也推动了杭州的文化交流和旅游业的发展。

艺术：峰会的举办也带动了杭州的艺术活动。为了展示杭州的城市魅力，峰会期间举办了各种艺术表演和展览，带动了本地的艺术创作和表演。同时，峰会的举办也吸引了全球的艺术家和艺术机构前往杭州，推动了艺术交流与合作。

总之，G20 杭州峰会为杭州带来了全方位的积极影响，提升了杭州的全球地位，推动了杭州的科技、经济、文化和艺术发展。

通过让 ChatGPT 多角度思考问题，ChatGPT 可以给出更全面、更深入的回答。

在写作领域，多角度思考问题的技巧也能起到重要的作用。

输入问题：你是一位文案专家。我们公司将为一款新推出的技术含量高的健身手环撰写销售文案，请告诉我可以从健身、工作、生活的哪些方面来突出这款健身手环的卖点。

◎ ChatGPT：针对这款技术含量高的健身手环，我们可以从以下几个方面来突出其卖点。

健康追踪与数据分析：强调健身手环如何帮助用户跟踪和分析各类健康数据，如步数、运动量、心率等，让用户更好地了解自己的身体状况，调整健身计划。

运动模式选择：如果健身手环有多种运动模式，如跑步、游泳、瑜伽等，那么可以强调其如何帮助用户更准确地追踪不同运动的数据，满足多样化的健身需求。

智能提醒：解释健身手环的智能提醒功能，如日程提醒、久坐提醒等，强调其将帮助用户更好地管理时间，提高效率。

易用性和兼容性：强调健身手环的易用性，如简单的用户界面、与各种设备和操作系统的兼容性等，证明用户可以在工作中轻松使用它。

耐用性和防水性：突出其良好的耐用性和防水性，让人知道它可以适应各种生活场景。

在我们引导 ChatGPT 多角度思考问题后，ChatGPT 就能更全面地分析我们的开放性指令，给出含金量较高的回答。

2.2.2 明确具体任务步骤

当我们与ChatGPT交流一些发散性的问题时，如果我们给出的指令过于开放，那么ChatGPT可能会在理解我们的想法时产生误解。因此，在面对这类问题时，为了得到我们期望的结果，我们可以详尽指定每一个步骤，确保ChatGPT能够在恰当的区间内精确回答开放性问题。比如下面这个例子。

> **输入问题：** 你是一位专业厨师。请按照准备食材、烹饪面条、制作酱汁、调味4个步骤，告诉我应该如何做一份美味的意大利面。

> ⑨ **ChatGPT：** 好的，让我来为你介绍制作美味意大利面的步骤。
>
> 材料：意大利面（200克），西红柿（2个），洋葱（1个），大蒜（2瓣），牛肉碎（100克），罗勒叶（适量），橄榄油（适量），盐（适量），黑胡椒粉（适量），干香料（适量），奶酪碎（适量）。
>
> 制作步骤如下。
>
> 1.准备食材：将西红柿洗净，去皮，切成小块；洋葱和大蒜切末备用；罗勒叶洗净备用。
>
> 2.烹饪面条：将足够的水倒入锅中，加盐和橄榄油，烧开后放入意大利面，根据包装上的说明时间煮熟，捞起沥干备用。
>
> 3.制作酱汁：在锅中放入橄榄油，加热后加入洋葱末和大蒜末，翻炒至香味散发。加入牛肉碎，炒至熟透后加入西红柿和干香料，煮10分钟。
>
> 4.调味：将酱汁倒入面条中拌匀，加入适量的盐和黑胡椒粉调味。最后放入罗勒叶和奶酪碎即可。
>
> 以上就是制作美味意大利面的步骤。如果你按照上述步骤制作，相信会做出一份美味可口的意大利面。

我们常说，"蛋炒饭，最简单也最困难"，对于意大利人来说，做一份意大利面或许也是如此。如果我们不明确具体任务步骤，仅向ChatGPT抛出"如何做一份美味的意大利面"这个过于开放的问题，那么，ChatGPT

就很难判断我们想要什么范围的答案。说不定ChatGPT会将我们当成意大利美食文化的研究者，滔滔不绝地说起意大利面的起源、饮食文化等。

明确具体任务步骤这个技巧，也同样适用于写作领域。

输入问题：你是一位招聘专家。我马上要给一家知名的新能源汽车公司投简历，需要为这封投简历的邮件写一份精简的求职信，请你从情境、任务、行动、结果4个步骤告诉我，这封求职信应该重点突出哪些内容。

⑤ ChatGPT：好的，让我来详细介绍撰写这封求职信的内容要点。

情境：首先，你需要明确你正在应聘的是哪个职位。如果你要应聘研发工程师的职位，那么你的求职信应该以介绍自己的技能和经验为主。如果你要应聘市场营销的职位，那么你的求职信应该更加注重强调你的市场分析和推广策略。

任务：在写求职信时，你需要明确你要完成的任务是什么。你需要让招聘者知道你为什么适合这个职位，并且展示出你的能力和价值。因此，在求职信中，你需要重点突出以下内容：你的教育背景和专业技能，你的工作经验和成就，你对该公司和行业的理解和兴趣，你的个人特点和优势等。

行动：在求职信中，你需要展示出你的行动力和自我推销能力。这意味着你需要使用积极的语言来描述你的工作经历和成就，并强调你能为公司带来的价值。你可以列举一些具体的案例来说明你在过去的工作中所做的贡献，以及如何应对挑战和解决问题。此外，你还可以使用动词来表达你的积极性和自信心，如"带领""推动""创新"等。

结果：最后，你需要强调你的成果和表现。你可以列举一些具体的数据或指标来说明你在过去的工作中所取得的成绩，如销售额、市场份额、客户满意度等。此外，你还可以使用引用来证明你的能力和价值，如客户的推荐信或同事的评价等。

综上所述，你可以通过展示出你的能力和价值，提高自己赢得招聘者青睐的机会。希望这些信息可以对你有所帮助，祝你好运！

在明确了具体任务步骤后，扮演招聘专家的ChatGPT就会在适当区间内发散思维，传授给我们求职应聘方面的宝贵"干货"。

🖋 2.2.3　提供上下文内容

为了让 ChatGPT 更聚焦、更富专业水准地回答我们的开放性问题，在很多时候，提供上下文内容也是一个技巧。

通过提供上下文内容，ChatGPT 能够在回答前先参考我们给出的信息或陈述，加深对问题背景和相关资料的理解，从而更准确地扮演高成就角色并给出回答。比如下面这个例子。

> **输入问题：** 你是商学院的一位谈判课程教授。我正在参与的商务谈判遇到了一个问题，请你根据我接下来给出的具体谈判情况，为我给出解决这一问题的方案。
>
> 　　我正代表一家制造业企业与一家供应商进行合作谈判。双方已经就合作的大部分细节达成了一致，包括价格、交付时间和产品质量等。然而，在最后阶段出现了一个关键性问题，这个问题涉及我们对供应商的付款方式。我们公司希望通过分阶段付款的方式来降低风险，以确保交付的产品符合预期的标准和质量。然而，供应商坚持要求一次性付款，以满足他们的现金流需求。

> ⑤ **ChatGPT：** 好的，你所描述的商务谈判情况，涉及付款方式的关键性问题，我为你提供以下解决方案。
>
> 　　1. 深入沟通和理解：首先，与供应商进行深入沟通，了解他们对一次性付款的具体需求和原因，探究他们的现金流情况和资金需求，以便更好地理解他们的立场和诉求。
>
> 　　2. 引入分阶段付款的优势：解释和强调分阶段付款的优势和利益。说明分阶段付款可以降低风险，确保交付的产品符合预期标准和质量。指出这种付款方式可以提供更多的保障，让供应商也能从长期合作中获得稳定的收入。
>
> 　　3. 提供激励措施：为了满足供应商的现金流需求，可以考虑提供激励措施来增加他们的灵活性。例如，可以提供一定比例的预付款或提前支付一部分款项作为回报。这样可以满足供应商的短期现金流需求，同时仍然保持分阶段付款的整体框架。

4.合作方案的灵活性：展示你的合作意愿和灵活性，以达成共赢的目标。可以提议在分阶段付款的基础上，根据供应商的具体需求和情况，适度调整支付时间表和金额，以满足双方的利益和可行性。

5.长期合作关系的价值：强调长期合作关系的重要性和互惠互利的价值。指出分阶段付款可以建立信任和稳定的商业关系，对供应商的长期发展和市场地位也有积极影响。

在解决支付条款的关键问题时，以上方案可以帮助你平衡公司的风险和需求，同时尊重供应商的现金流需求，寻求双方的利益最大化。重要的是，保持开放的沟通和合作态度，共同探讨并制定出双方都能接受的解决方案，以确保商务合作的顺利进行。

ChatGPT能够有针对性地给出富有启发意义的回答，原因在于我们提供了完整的上下文内容。在写作领域中，这一技巧也能起到重要作用。

输入问题： 你是一位科技领域的专家。我是人文领域的一位写作者，想写一篇关于史蒂夫·乔布斯的人生经历带给我们启示的文章，但我对于苹果超过2万亿美元的市值的意义没有什么概念，你能告诉我这样的市值在全球科技行业意味着什么吗？

⑤ ChatGPT： 在全球科技行业，苹果超过2万亿美元的市值具有重大的意义和影响。以下是市值超过2万亿美元的苹果公司对全球科技行业的意义。

领导地位：苹果的巨大市值彰显了该公司在科技行业的领导地位。它证明了苹果作为一家具有全球影响力和市场份额的科技巨头的地位。这使苹果在科技创新、产品设计和市场竞争力方面成为行业的榜样。

市场影响力：苹果超过2万亿美元的市值表明该公司在市场上具有巨大的影响力。它是世界上最有价值的科技品牌之一，其产品和服务深入人心。这使苹果在引领市场趋势方面发挥着重要作用。

创新能力：苹果的巨大市值反映了其在科技创新方面的卓越能力。它是一家以创新驱动为核心的公司，不断推出具有颠覆性影响的产品和技术。苹果的市值彰显了投资者对其创新能力和未来发展的高度认可。

经济贡献：苹果超过2万亿美元的市值对全球科技行业的经济贡献不容忽

视。作为一家全球化企业，苹果的成功带动了产业链上众多合作伙伴和供应商的发展，为许多国家都创造了大量就业机会和经济增长。

激励其他企业：苹果的巨大市值激励着其他科技企业追求卓越和创新。它成了许多公司的学习对象，鼓励着更多的企业在科技领域取得突破性进展和商业成功。

总之，苹果超过 2 万亿美元的市值突显了苹果作为一家全球科技巨头的地位，以及其在塑造科技行业发展和创新进程中的重要角色。

提供上下文内容的确有助于 ChatGPT 更全面、深入地理解问题。在获悉了问题的具体背景、提问者的知识结构和所处状况等因素后，ChatGPT 将更好地扮演高成就角色，为我们处理棘手问题提供一系列帮助。

2.2.4 分解复杂问题

更好地给出开放性指令的第 4 个技巧，是分解复杂问题。

相当一部分开放性问题，是颇为复杂的问题。如果我们能将这类问题分解为多个子问题，我们就可以更清晰地定义每个子问题的目标。

接下来，针对每个子问题，我们可以结合特定的主题提供详细的提示词，使 ChatGPT 能够更好地聚焦和理解每个子问题的内容，查找具体领域内的相关知识，从而提高 ChatGPT 回答的准确性和质量。比如下面这个例子。

输入问题： 你是一位英语培训专家。我亲戚的孩子准备去英国一所知名大学攻读硕士，他报考专业的语言要求，是雅思总分不低于 7 分、单科不低于 6.5 分。请结合雅思考试的规律，给出一个适合国内学生的分数构成。请告诉我，他在准备雅思考试的听力部分时应该注意哪些要点。

ChatGPT： 对于雅思考试的分数构成，通常采用 4 个单项测试成绩的总和来计算，其分别是听力、阅读、写作和口语。根据考试要求，如果要求总分不低于7分、单科不低于6.5分，那么建议分数构成可以是：听力7分、阅读7.5分、写作7分、口语6.5分。

在准备雅思考试听力部分时，考生应该注意以下要点。

1.提高英语听力水平：雅思考试听力部分的题目都是以英式英语为主的，因此学生在备考过程中一定要多听英式口音的英语材料，包括英剧、英语电影等。

2.熟悉题型及时间管理：了解雅思考试听力部分的题型和评分标准非常重要。学生应该熟悉听力考试的题型，并且研究考官在评分时注重的要素。同样重要的是时间管理，这意味着考生必须在规定时间内完成所有题目，因此需要在备考阶段注意锻炼自己的时间管理能力。

3.练习听力：练习是提高听力的关键，学生可以利用雅思听力练习材料，如录音、模拟试题等来熟悉考试及题型。在练习时，学生可以通过多次重复听一段录音或一个问题，提高听力反应速度和准确性。

4.注意笔记和关键词：在听录音时，学生应做好笔记，并记下关键词和信息细节。这个技巧不仅有助于理解、记忆、整理信息，还能帮助学生更快地回答问题。

5.提高词汇量及听力技巧：听力考试中常涉及英语单词、短语和表达方式，因此学生需要增加自己的单词量并提高自己的听力技巧，如理解推断、捕捉情感语气、推断背景信息和对话意图等来逐渐提高自己的听力水平。

如果直接问"如何提高雅思成绩总分"这类宽泛的问题，那么，ChatGPT给出的回答，很可能会分别针对听力、阅读、写作和口语领域泛泛而谈一番。要想精准获取关于听力的备考要点，就应该把大问题分解为4个子问题。接下来，我们还可以通过分别提问，获取ChatGPT对雅思备考另外3个项目的特定回答。

同样，我们也能将分解复杂问题的技巧运用于写作领域。

输入问题：你是商学院的一位教授。我想写一篇向大家介绍ESG对企业经营的重要性的新媒体文章，请告诉我，"ESG"中的"E"是指什么，它为什么值得企业重视？

> ⑤ ChatGPT："ESG"是环境、社会和公司治理三个英文单词的首字母缩写。其中，"E"指的是环境（Environment），即企业在经营过程中所面对的各种环境问题，如气候变化、水资源管理、废弃物处理等。
>
> 为什么环境问题值得企业重视？因为现代企业的经营活动几乎都需要消耗各种资源和产生各种影响，环境问题则直接关系到企业的经济可持续性和未来发展前景。
>
> 首先，环境问题与企业的经济利益息息相关。节约能源和降低废弃物处理成本可以降低企业的运营成本，并有可能提高企业的市场竞争力。
>
> 其次，环境问题也涉及企业的声誉和品牌形象。消费者越来越关注企业的环保表现，如果企业没有良好的环保记录，很有可能失去消费者的信任和支持。
>
> 最后，"E"还与企业的社会责任紧密关联。改善环境和减少资源消耗不仅对企业自身有利好，也可能对当地居民的生活和健康产生积极影响。企业需要承担社会责任，保护环境和公共利益，并为当地社区创造积极的社会和经济效益。
>
> 综上所述，企业应该重视环境问题，积极采取环保措施，降低环境影响，并树立良好的公司形象和社会责任意识。

通过将一个复杂的问题分解为一个个子问题，我们成功地让 ChatGPT 理解了我们的具体关注点。

总之，多角度思考问题、明确具体任务步骤、提供上下文内容与分解复杂问题这 4 个技巧，可以为我们提供一种系统化、结构化的提问方式。ChatGPT 在面对我们的开放性指令时，就能够更精确地理解提示词的含义，从而更高效地发挥自身敏锐的洞察力和出色的想象力。

2.3 设定期望目标的3个技巧

在本节中，我们将了解设定期望目标的 3 个技巧，即指定语言风格、提供输出格式以及要求多元答案，为我们写出优秀的提示词打下基础。

2.3.1　指定语言风格

在掌握了"塑造高成就角色"的步骤与"给出开放性指令"的步骤后，我们已经可以与 ChatGPT 开展双向奔赴的交流。

不过，如同作家弗拉基米尔·纳博科夫所说，"在高级艺术和纯粹科学中，细节就是一切"，注重对细节的雕琢才能更好地形塑 ChatGPT 给出的"干货"内容，使之即时可用。

我们应该设定一系列期望目标，让 ChatGPT 优化自身回答内容的风格、形式与数量。这样一来，我们撰写的提示词将真正发挥关键节点效应。

关于"设定期望目标"的步骤，我们首先需要了解的是指定 ChatGPT 回复时的语言风格。

语言风格的选择，对于信息传递的效果有巨大的影响。通过选择恰当的语言风格，我们可以提高文本和目的的匹配度。语言风格将在相当程度上反映我们的态度、价值观和专业水平，成为树立自身品牌形象的决定性因素之一。比如下面这个例子。

> **输入问题：**你是一位招聘专家。我在参加一场面试时，遇到了典型的压力面试。我的过往工作履历与面试职位高度相关，也取得了优异成绩，但面试官仍然表示我的水平太差，完全无法胜任我面试的这个岗位。请问这时我应该如何回复，才能不卑不亢、有理有据地回应这位面试官？

> **ChatGPT：**当这位面试官表示你无法胜任面试岗位时，你可以回应以下话语来保持不卑不亢、有理有据的态度。
>
> 1.请问能否告诉我具体哪些方面导致您认为我无法胜任该岗位？我非常重视您的意见，希望能够了解问题所在。
>
> 2.我在过去的工作中取得了一系列优异成绩，并且我的工作履历与这个岗位高度相关。我非常相信自己的能力，希望能有机会展示。
>
> 3.除了过去的工作经验和成绩外，我也持续进行专业的学习和发展。我相信我拥有适应新环境和学习新技能的能力。

4.如果有任何关于我的资质、技能或经验方面的疑虑，我愿意提供更多的证据或详细的例子来证明我的能力。

5.我对这个岗位非常感兴趣，我希望有机会为公司做出贡献，并展示我在该领域的热情和才能。

6.我非常愿意接受挑战和持续提升自己的能力。如果有任何需要补充或进一步发展的领域，我会积极学习和适应。

7.最后，感谢您给我这次面试的机会。无论结果如何，我会把这次经历当作宝贵的学习机会，并继续努力追求自己的职业发展。

通过使用这些回答，你可以表达出自己的自信和能力，并向面试官展示你对这个岗位的热情和努力。同时，保持礼貌和感激之情，无论结果如何，都能以积极的态度结束面试。

在参考了ChatGPT的宝贵建议后，我们在面对此类场景时完全能够做到不慌不忙，而且很可能交出一份高分的答卷。

指定语言风格的技巧同样能运用到写作领域中。

输入问题： 你是一位儿童书作家。我是一位医生，明天要去一所小学演讲，告诉孩子们勤洗手的重要价值。请你用适合孩子们的文字风格，给出对勤洗手带来的好处的介绍，以帮助我让自己的演讲稿能被更多孩子接受。

ChatGPT： 儿童往往喜欢有趣和生动的描述，所以在演讲稿中，我们可以引入一些寓教于乐的元素。以下是供你参考的介绍勤洗手好处的文字。

小朋友们，你们知道我们的手是一支超级神奇的"冒险队"吗？它们一天到晚都在忙忙碌碌，帮助我们抓住棒棒糖，写下美丽的数字，抚摩可爱的小猫咪。但是，在这些冒险中，它们也可能不小心接触到一些我们看不见的小怪兽——细菌和病毒。

现在，请大家闭上眼睛，想象一下，如果这些小怪兽从我们的手爬到我们的嘴巴、眼睛和鼻子里，会发生什么？没错，我们可能会感到身体不舒服，咳嗽、打喷嚏、喉咙痛，甚至可能会生病，不能去玩耍和学习。

但是，别担心，我要告诉你们一个秘密武器，那就是勤洗手！那么，勤洗手能带给我们什么好处呢？

首先，勤洗手让我们远离疾病。勤洗手可以帮助我们打败那些小怪兽，让我们的身体保持健康。

其次，勤洗手也保护了我们周围的人。因为如果我们的手干净，那些小怪兽就不会从我们这里传播到别人身上。

最后，勤洗手让我们的手更干净，我们也能感觉更舒服，手上还能有香香的味道。

所以，小朋友们，让我们一起获得我们的神奇武器，让我们的"冒险队"更健康、更强大，让我们的生活充满快乐和健康！记住，勤洗手，健康生活！

在指定了语言风格后，ChatGPT 的应用场景明显得到了拓宽。当我们能熟练运用这一技巧后，陪伴在我们身边的 ChatGPT，不仅是专业的，还是幽默的、温情的、亲切的。

2.3.2　提供输出格式

为 ChatGPT 提供输出内容的格式，是另一个帮助我们更好地设定期望目标的重要技巧。

ChatGPT 理解和生成语言的过程是非常复杂的，它需要考虑语境、目的以及许多其他因素。如果我们不明确指定输出格式，那么，ChatGPT 可能会选择一种默认的、广泛适用的格式来生成回答的文本，这在很多时候都不是最适合我们需求的内容。

当我们提供了特定的输出格式后，ChatGPT 就可以根据这个格式来组织和展现信息。由此，我们能够引导 ChatGPT 成为即时可用的生产力工具。比如下面这个例子。

> **输入问题：**你是一位使用 Excel 软件的专家。如果我有一个 Excel 文件，C2 到 C6595 中的内容，是我们公司所有员工的邮箱，请为我写一个提取 @ 符号之前的字符的函数公式。

⑤ **ChatGPT：**在Excel中，你可以使用LEFT和FIND函数组合的方式来提取"@"符号之前的字符。"LEFT"函数可以从一个字符串的最左边开始提取一定数量的字符，而"FIND"函数则可以找到特定字符在一个字符串中第一次出现的位置。以下是你所需要的公式。

```
=LEFT(C2,FIND("@",C2)-1)
```

这个公式的含义是，在单元格C2中找到"@"符号的位置，然后从这个位置前一个位置，即"@"符号之前的部分，取出所有字符。

你可以将这个公式输到你想要展示结果的单元格中，然后通过Excel的拖曳功能将其复制到整个列，从而得到C2到C6595所有单元格对应的结果。

当我们明确了希望ChatGPT编写Excel函数公式的意愿后，ChatGPT就能即时扮演高成就角色，给出可以大幅帮助我们节省时间和精力的答案。

在写作领域这一技巧也有着广泛的运用场景。

输入问题：你是一位猎头专家。我们是一家大型半导体企业，现在需要招聘一位高级财务经理，请为我撰写一份职位描述。

---

⑤ **ChatGPT：**职位：高级财务经理

公司简介：我们是一家全球领先的大型半导体企业，我们的创新产品和技术正在重塑现代电子产业的面貌。随着我们的持续发展，我们正在寻找一位有经验的高级财务经理，来帮助我们实现财务目标，保持健康的经济状况。

岗位职责：

1.负责公司的财务计划和预算，确保公司财务目标的实现，同时参与公司战略决策和计划的制定。

2.管理和指导财务团队，以确保财务报告的准确性和及时性，包括月度、季度和年度财务报告，以及各种内部和外部财务分析。

3.监控并优化财务管理流程和系统，提升财务运作效率，降低运营风险。

4.深入了解半导体行业的发展趋势和市场环境，为公司的战略决策提供财务角度的建议和评估。

5.和各个部门保持良好的沟通，为其提供财务支持，包括但不限于预算制定、成本控制等。

6.定期与投资者、银行等外部利益相关方进行交流，及时准确地传递公司的财务信息。

任职要求：

1.拥有财务管理、会计或相关领域的本科或以上学历，拥有CPA等相关职业资格证书。

2.至少有8年以上的财务管理经验，有在大型半导体公司工作经验者优先。

3.对财务管理有深入的理解和掌握，包括财务报告、预算管理、成本控制等。

4.具备较强的组织、领导和沟通能力，能够有效地领导团队，处理复杂的财务问题。

5.熟悉国际财务报告准则和美国通用会计准则，具有跨国公司财务管理经验者优先。

6.对半导体行业有深入了解，熟悉半导体产业链的运作和业务模式。

在这里，我们为您提供一个充满机遇的工作环境，您将有机会与一群充满热情的同事一起工作，共同为推动半导体行业的发展做出贡献。我们期待您的加入！

我们发现，ChatGPT的回答已具有相当不错的参考价值。能以特定格式输出内容成果的ChatGPT，将为我们提高工作效率提供强有力的支撑。

2.3.3　要求多元答案

要求多元答案，也是助力我们更好地设定期望目标，从而撰写优秀提示词的一个关键。

初阶的ChatGPT使用者，往往热衷于搜集现成的提示词语段，然后满足于让ChatGPT一次次充当特定文体模板的填写器，似乎这类机械式操作就是ChatGPT的最大用途。

而真正能善用ChatGPT提升办公效率的人都深知，比起直接问ChatGPT索要成品方案，更重要的是成为掌握撰写提示词底层思维的提示词工程师，按照体系化的步骤，引导ChatGPT发挥搜索力与创造力，给出细节更丰富、形式更多元化的参考回答来给予我们启发。

因此，让 ChatGPT 给出多元化答案的优势就一览无余：从 ChatGPT 输出的多个答案中，我们可以了解不同的观点或解释，避免单一视角的局限性，从而激发自身的新灵感，创造出更多的可能性。比如下面这个例子。

输入问题： 你是一位专业导游。我们公司的地址在上海市的淮海中路，希望找到一个单程车程不超过 2 小时的公园开展户外团建活动，请为我提供 10 个符合条件的地点。

⊛ **ChatGPT：** 很高兴为你提供信息。以下是一些距离上海市淮海中路单程车程不超过 2 小时的公园。

上海共青森林公园：位于杨浦区，公园内有大片森林和湖泊，非常适合户外团建活动。

上海世纪公园：位于浦东新区，公园内有湖泊、草地以及音乐喷泉等。

上海滨江森林公园：位于浦东新区，提供了丰富的户外活动场地和设施。

静安雕塑公园：位于静安区，公园内有各种雕塑艺术作品，环境优美。

大宁灵石公园：位于静安区，有丰富的自然和人文景观，非常适合团建活动。

华漕公园：位于闵行区，是一个集休闲、健身于一体的城市公园，适合团建活动。

鲁迅公园：位于虹口区，拥有丰富的历史文化和美丽的自然风景。

月湖雕塑公园：位于松江区，公园将雕塑艺术与自然景观相结合，适合户外活动。

广富林郊野公园：位于松江区，是一处历史文化遗址公园，环境优美。

长风公园：位于普陀区，是一座以湖泊为主题的公园，有较大的绿地，非常适合团建活动。

以上每个公园都有其自身的特色和魅力，希望能够满足你的需求，为你们的团队建设活动提供一个优雅的环境。

ChatGPT 输出的内容涵盖了自然景观类、雕塑艺术类、历史人文类等多个类型的公园，能够反向启发提问者思考这次团建的目的，从而选取

更适合的方案。此外，由于上下文信息、ChatGPT版本等诸多因素都会影响ChatGPT的输出内容，因此，ChatGPT的回答其实是具有一定随机性的。我们也应该善用这种随机性，让ChatGPT尽可能多地为我们带来启发性答案。

　　要求多元答案的技巧，同样适用于写作领域。

输入问题： 你是一位文案专家。请为我撰写20个新公司名称。我们公司是一家智能家居领域的创业公司，致力于将每个家庭、每个社区带入万物互联的智能世界，让每位家庭成员都能获得极致的数字化体验。新公司的名称需要体现我们的经营目标，突出科技感和高级感。

🟡 **ChatGPT：** 很高兴为你提供一些公司名称的建议。以下是根据你的描述，体现了科技感和高级感的20个公司名称建议。

高维云家：以高科技的云技术，创新传统的家居环境。

智尚易居：将科技与生活完美融合，创造舒适便捷的智能居住环境。

万象智舍：依托万物互联的智能世界，改变传统的居住体验。

领尚易家：引领新时代的智能家居潮流，让家居生活变得更加简单。

智慧星庭：以科技引领，为你的家庭带来高级的智能体验。

光速家园：快速响应，迅速将每个家庭带入智能时代。

智慧星河：构建像星河一样璀璨的智能生活环境。

阿尔法生活：在科技的引领下，为每个家庭打造阿尔法级别的生活体验。

智联未来：以科技为桥，将家庭生活与未来智能生活相连。

星际家园：将家庭带入科技的星际旅行，体验未来的智能生活。

智魔方家居：像魔方一样多元化的智能家居方案。

数字家宅：利用数字化技术，让家庭生活充满智能的魅力。

星光家园：以科技为引领，让家庭生活如星光一样璀璨。

先知智家：具有前瞻性的智能家居技术，带领家庭生活走向未来。

星辰智居：像星辰般照亮智能家庭生活的未来，展现无限可能。

智尊未来：为追求高品质生活的人们打造智能而尊贵的未来家庭。

数字云居：以数字化技术，打造云端的智能家居生活。

> 云上家园：在云端实现家庭的智能化，享受云端的便利。
>
> 光年智家：以科技为引导，迅速将家庭带入智能化的未来。
>
> 星河居易：在星河般的智能世界中，让家庭生活变得更为便捷。

　　在我们多元化答案的要求下，一份高质量的参考名单就此诞生。事实上，我们还可以运用追问的方式，持续让ChatGPT输出多维度、全方位的回答，从而拥有取之不尽、用之不竭的灵感源泉。

　　通过合理运用塑造高成就角色、给出开放性指令与设定期望目标3个步骤，陪伴在我们身边的ChatGPT就能更好地扮演各类专家，为我们输出兼具专业性与创意性的回答。提示词将在我们手中更好地发挥关键节点效应，成为打开一扇扇新奇世界大门的钥匙。

第三章

3个细节
突破预设的写作瓶颈

当我们对提示词的撰写方法融会贯通后，我们就能真正发挥 ChatGPT 提升办公效率的作用，让 ChatGPT 为我们的写作赋能。如同英国作家约瑟夫·康拉德所说，写作中有两件难事，一是开始写，二是不停手。如何突破无内容可写、不知道自己应该写什么、不知道大家喜欢看什么等一系列写作瓶颈？在本章中，我们将通过了解 ChatGPT 如何帮助我们完善写作准备、聚焦"擅长"定位以及发掘爆款选题，找到从头开启写作旅程的信心和方法。

3.1 | **完善写作准备的5个技能**

如何快速突破缺时间、缺素材、缺观点等写作瓶颈？在本节中，我们将了解 ChatGPT 在规划写作时间、收集相关素材、翻译各国资料、提高外语能力以及阅读背景材料这 5 个方面的巨大用途，为自己的创作提供完善的准备。

3.1.1 规划写作时间

一切写作准备的重要基础，就是对写作时间的明智规划。

很多时候，决定写作者能否开启写作之旅、最终写作成果是多还是少的，不是勤奋，也不是学识，而是他对自己时间的掌管能力的高低。在这个高度数字化的世界中，我们的生活和工作日程已经变得越来越复杂。我们需要平衡许多不同的目标，同时还要有时间来保持我们的身心健康。这项具有高度挑战性的任务，需要我们拥有优秀的自我管理和规划能力。

英国博物学家托马斯·亨利·赫胥黎曾有一句箴言：时间是最不偏私的，给任何人都是二十四小时，时间也是最偏私的，给任何人都不是二十四小时。那些敢于踏上写作旅程并最终取得了非凡成就的写作者，往往是将每天过成了"不是二十四小时"的时间规划专家。

在时间规划方面，以 ChatGPT 为代表的生成式 AI 工具，无疑可以为我们提供有效助力。

一方面，ChatGPT 能够帮助我们设定任务目标。这些目标可以是生活中的目标，也可以是工作中的任务。设定这些有重要程度分级的目标，将有助于我们更好地利用时间，使我们的生活和写作保持更合理的平衡。

另一方面，ChatGPT 能够帮助我们更好地运用时间管理策略。在我们的要求下，ChatGPT 将提供各种科学方法来助力我们掌控自己的时间，如帕累托法则、番茄工作法等。这些策略都是学者们多年的研究成果，能切实提高我们的时间运用效率。比如下面这个例子。

> 输入问题：你是一位时间规划专家。请结合各种科学的时间运用策略，为身为汽车工程师的我制定一个合理平衡小说写作与日常健身的时间表。这份时间表将排列好各个长期目标和短期目标的优先级，让我顺利在半年内写完一部长篇科幻小说。

> ⊛ ChatGPT：好的。首先我们需要对你的目标进行一些分类和定义。划分出长期目标和短期目标，将有助于我们制定时间表和确定优先级。我会假设你一天有 24 小时的自由支配时间，每天睡眠 8 小时，余下的时间可供你进行写作、健身以及其他活动。
>
> 长期目标：在半年内写完一部长篇科幻小说。
>
> 短期目标：保持日常健身，保持工作效率，每周完成一定量的写作。
>
> 下面是一个基于这些目标运用番茄工作法和帕累托法则的时间表建议。
>
> 工作日
>
> 06：00—07：00：起床，进行晨练健身
>
> 07：00—08：00：早餐，准备上班
>
> 08：00—12：00：工作开始
>
> 12：00—13：00：午休
>
> 13：00—18：00：工作
>
> 18：00—18：30：工作结束，前往健身房锻炼

18：30—19：00：回家，准备晚餐

19：00—20：00：晚餐，休息

20：00—22：00：运用番茄工作法写小说，每个番茄时间为25分钟写作、5分钟休息

22：00—23：00：放松和休息，准备入睡

周末：

08：00—09：00：起床，晨练健身

09：00—10：00：早餐，休息

10：00—12：00：运用番茄工作法写小说，每个番茄时间为25分钟写作、5分钟休息

12：00—13：00：午餐，休息

13：00—16：00：运用番茄工作法写小说，每个番茄时间为25分钟写作、5分钟休息

16：00—18：00：进行户外活动或健身

18：00—20：00：准备和享用晚餐

20：00—22：00：运用番茄工作法写小说，每个番茄时间为25分钟写作、5分钟休息

22：00—23：00：放松和休息，准备入睡

帕累托法则（80/20法则）在这份时间表里的应用方法：找出你在写作和健身中最有产出的20%的活动，然后把更多的精力放在这些活动上。例如，在健身方面，找出对你身体影响最大的20%的运动，包括复合训练、核心训练等，更多地进行这些训练。

这是一个初步的时间表，你可以根据自己的实际情况进行调整。

我们发现，ChatGPT不仅为我们细致安排了这份涵盖工作、健身以及写作事项的时间表，还结合时间表告诉我们应该如何运用各类时间管理策略，比如，运用帕累托法则在健身中重点关注复合训练、核心训练等。在借助ChatGPT科学规划我们的写作、工作与生活时间的基础上，富有成效的写作是完全可能实现的。

📖 3.1.2 收集相关素材

收集素材对于创作的价值，值得每一位写作者珍视。

素材在写作中的功能，就如同交响乐团中的各种乐器。每一份素材都有自己的独特音符，是演奏一部交响乐作品的必要组成部分。我们只有通过合理布局这些素材，将它们的旋律巧妙结合，才能创造出属于我们自己的成功演绎。

可以说，收集素材的过程，是一场对自我认知的深入探索。这是一场与自我对话的过程，我们甄选的每一份素材都包含了我们对世界的一些理解和感知。在收集素材的过程中，我们不仅在塑造我们写作的笔触，也在塑造我们自己，让我们加深对自我和世界的理解。

针对那些一问便知的、可以用封闭性提问快速解决的问题，如"《共同利益经济学》的作者是谁""黄公望的字和号各是什么"等，我们直接去搜索引擎中查询是更快捷的选择。

而对于那些并非一眼就能看到答案的问题，ChatGPT 往往可以在提示词的引导下大显身手。比如下面这个例子。

> **输入问题：** 你是一位艺术史专家。除了达·芬奇、米开朗琪罗和拉斐尔，文艺复兴时期还有哪些杰出的艺术家？

> **⊛ ChatGPT:** 文艺复兴是欧洲艺术、文化和科学的一次重大复兴，这一时期诞生了许多杰出的艺术家，除了你提到的达·芬奇、米开朗琪罗和拉斐尔，还有以下几位影响深远的艺术家。
>
> 提香：他是威尼斯画派的代表人物，被誉为"绘画天才"，擅长肖像画作品。他的作品色彩丰富鲜明，技艺高超，对后世影响深远。
>
> 乔托：被誉为中世纪到文艺复兴过渡时期的重要人物。他开创了绘画透视法，使画面有了更深的空间感。
>
> 波提切利：他的作品《春》和《维纳斯的诞生》被誉为文艺复兴艺术的杰出代表作品，展现出了独特的审美和高超的艺术技巧。
>
> 阿尔布雷特·丢勒：他是德国文艺复兴时期最重要的艺术家之一，以版画

技术和理论著作而闻名，对西方艺术影响深远。

布鲁内莱斯基：他是意大利文艺复兴早期的一位建筑师，也是线性透视法的开创者。他设计并建造了许多著名的建筑，其中相当一部分是文艺复兴建筑的标志性作品。

扬·凡·艾克：他是早期尼德兰画派的重要代表人物之一，被誉为"油画之父"，他的作品《阿尔诺芬尼夫妇像》是西方艺术史上的一座里程碑。

这些艺术家对文艺复兴的艺术风格和技法有着深远的影响，他们的作品至今仍被广大艺术爱好者所推崇。

哪怕提问者对文艺复兴只有基本的了解，他也能借助ChatGPT迅速学习有关方面的更多知识。ChatGPT介绍的这6位艺术家，分别来自不同的国家。提问者要想在搜索引擎中全部找到这6位艺术家，不仅费时费力，还很有可能找得不够全面。此时，利用ChatGPT就能为我们收集写作素材提升效率。

那么，如果我们对问题的背景知识毫无涉猎，我们能否运用ChatGPT找到相关素材呢？答案依然是肯定的。比如下面这个例子。

输入问题： 你是一位爱好中国传统文化的影评人。为什么有那么多关于叶问的电影？叶问的扮演者还往往都是知名演员，请问叶问有很大的影响力吗？

ChatGPT：叶问是中国武术尤其是咏春拳的代表人物。他不仅是一位出类拔萃的武术家，还是李小龙的启蒙老师，对20世纪后半期的全球武术影响深远。叶问的生平经历和他在咏春拳方面的精湛技艺，使他成为一个受人尊敬的人物，这就是为什么有许多关于他的电影作品。

电影中的叶问形象通常是一位充满智慧、忠诚、勇气和正义感的人物，这与中国传统文化中的英雄形象相吻合。他通过咏春拳捍卫家人和朋友的荣誉和尊严，这使他的故事充满了魅力。

这样的角色自然需要一个既有宽度又有深度的演员来塑造，所以知名的演员成为扮演叶问的理想人选。这些演员的精湛演技和知名度，也无疑提高了关于叶问的电影的观看价值和商业价值。

因此，叶问的影响力不仅在于他对武术方面的贡献，还在于他的生活哲学和人格魅力。这些元素都决定了他在电影界的重要地位，才有那么多关于他的电影，并由知名演员扮演。

在 ChatGPT 综合了文化背景、武术流派、电影创作等多个方面的介绍下，一篇关于叶问电影的影评类文章，就拥有了素材的分类索引。这正是精通艺术、科学、历史等多个知识领域的 ChatGPT 能为我们带来的巨大价值。

3.1.3 翻译各国资料

如今我们早已生活在一个全球化网络之中，每个人的想法和创造力，都在相互影响和塑造着彼此。

因此，能够高效阅读那些有价值的外文资料，对于我们完善写作准备、拓宽素材视野是十分重要的。ChatGPT 这类翻译功能强大的生成式 AI 工具，则让我们有望进入一个语言边界逐渐消失的全新时代。

在助力我们收集、整理来自各国的资料方面，ChatGPT 至少可以起到以下三个重要作用。

首先，ChatGPT 可以翻译外文词汇，让我们更便捷地接触到全球范围内的海量信息，从而帮助我们增长知识和拓宽视野。

输入问题: 你是一位足球领域的专家。请介绍一下，在足球比赛的新闻报道中，"four-three-three formation"是什么意思，它的特点有哪些。

ChatGPT: 在足球比赛中，"four-three-three formation"（4-3-3 阵型）是指一种常见的队形，即一个队伍在场上的布局和战术安排。具体来说，"4-3-3"指的是四名后卫、三名中场球员和三名前锋。4-3-3 有以下阵型特点。

进攻灵活: 在进攻时，两个边锋可以拉宽场地，制造空间，为中锋和中场球员创造更多的进攻机会。此外，中场球员也可以推进支援，形成更强的攻势。

防守稳健：在防守时，四个后卫可以提供强大的防线，三个中场球员也可以迅速回撤帮助防守，从而保证队伍的防守稳定性。

控球能力强：由于中场球员相对较多，这个阵型在控球方面有一定的优势，可以更好地控制比赛节奏。

然而，4-3-3 阵型也有其弱点。例如，中场球员需要拥有极高的体能，以便在攻防两端都能给予足够的支援。此外，如果对方队伍针对性地压制你的边锋，那么这个阵型的进攻就可能会受到阻碍。

总之，无论选择何种阵型，最关键的是如何根据球队的实际情况和对手的特点，灵活调整和应用。

其次，ChatGPT 可以翻译外文语句，让我们接触到来自全球的观点和想法，从而激发我们的写作灵感。

输入问题：你是一位语言学家。请介绍一下，伦敦政治经济学院的校训"Rerum cognoscere causas"是哪种语言，这句话是什么意思，它出自什么典故。

ChatGPT：伦敦政治经济学院（The London School of Economics and Political Science，简称 LSE）的校训"Rerum cognoscere causas"是拉丁语，这句话的意思是"了解万物发生的原因"。

这个拉丁语短句出自古罗马诗人维吉尔的长诗《农事诗》。它的原句是"Felix, qui potuit rerum cognoscere causas"，可以译为"幸福的是那些了解万物发生的原因的人"。

维吉尔在《农事诗》中通过描绘田园生活，展示了对自然和社会的深刻理解，这句诗也被广泛引用，用来表达对探索知识的赞美和对理解世界的渴望。"Rerum cognoscere causas"这一部分作为 LSE 的校训，表明了该学院对于社会科学研究的精神，即追求对事物的深入理解，探索事物发展的因果关系。

在拉丁语中，"Rerum"是"事物"的意思，"cognoscere"是"认识"或"了解"的意思，"causas"是"原因"的意思。这个校训鼓励人们去理解、解析并掌握事物发展的原因和规律，这不仅是学术研究的基本方法，也是大学在社会科学领域中的核心任务。

最后，ChatGPT 还可以翻译整篇文章，助力我们提高跨文化理解能力，增加写作的思考深度。

翻译全文的对话方式也非常简单，我们只需告诉 ChatGPT，请帮我们翻译下面这些内容，并附上原文就可以了。ChatGPT 对 2021 年 9 月以后的信息仍所知有限，这也是我们在运用 ChatGPT 翻译时尤其需要注意的。

3.1.4 提高外语能力

翻译界一直有句名言，"诗歌就是那些在翻译中失去了的东西"。

这表明，在翻译诗歌这类含义丰富、修辞微妙的内容时，即使再准确的翻译工具，也难以百分之百地译出原文的表面及内在意义。

从根本上来说，想要真正获取"原汁原味"的外文信息，用来自各国的知识丰富我们的写作素材库，学习外语其实就是我们的明智选择。

从头学习多门小语种语言，并不适合每位写作者。但是，尽可能提升英语水平，尤其是借助 ChatGPT 高效提升英语水平，则是能让大多数写作者都受益的事。

这是因为，英语不仅是一种语言工具，它更是一种互联网时代的"通用接口"，一种连接全球知识的桥梁。

一方面，英语是互联网的一种主要语言。网络上的许多信息包括尖端的科研成果、创新的技术概念，甚至是前沿的创新方法等，都是以英语为载体进行传播的。想要紧跟这个时代的脚步，阅读和理解英语的能力就显得尤为重要。

另一方面，英语是全球广泛使用的语言之一。在科技、商业、教育、娱乐等多个领域，英语的重要性都不容忽视。能较高水平地使用英语，就意味着我们能更加流畅地表达自己的观点，从而更好地与全球各国的读者分享自己的心声，让他们倾听来自中国写作者的经验与智慧。

那么，如何借助 ChatGPT 高效提升我们的英语水平呢？

一方面，我们可以让 ChatGPT 成为我们的"语法教练"。读懂整篇英语文章的一大难点，就是理解文中的长难句。我们可以通过提示词让 ChatGPT 指导我们更好地读懂长难句。

输入问题： 你是一位英语培训专家。读懂一个英语长难句的步骤分别有哪些？

ⓢ **ChatGPT：** 理解英语长难句需要耐心和策略。以下是一些步骤来帮助你解读这些复杂的句子。

先读全句：首先，阅读整个句子，尝试理解其总体含义。即使某些部分看起来不清楚，也要尝试对整个句子有一个大致的理解。

找出主谓宾：找出句子的主要成分——主语（谁在做）、谓语（做了什么）和宾语（对谁做）。这些元素构成了句子的核心。

分解句子：将句子分成较小的部分或子句。找出相对独立的子句，并确定它们如何相互关联。

确定连接词：找出连接子句的连接词（例如，"and""but""because""although"等），并理解它们如何影响句子各部分的关系。

识别短语：找出特别的短语或习语，并查阅其含义。

处理未知词汇：如果你碰到自己不知道的单词，尝试从上下文中推断它们的含义，或者查阅字典。

重读句子：在你对句子有了深入理解后，重新阅读全句，这次你应该能够更好地理解它的含义。

归纳总结：最后，尝试用自己的话重述句子的意思，确保你完全理解了它。

记住，这是一个迭代的过程，可能需要多次阅读和分析才能完全理解长难句。持续地练习和阅读可以提高你处理这类句子的能力。

另一方面，我们还可以让 ChatGPT 成为我们的"出题老师"。通过真题进行演练，才是真正掌握知识点的可靠方法。

输入问题: 你是一位英语培训专家。请为我出一道英语阅读理解题,它将用来考察我对长难句的理解能力。

ChatGPT: 当然,以下是一段英语文字及其相关的问题,这将有助于测试你对长难句的理解能力。

阅读文章:

The advent of the periodic table, a fundamental tool in the field of chemistry, which organizes elements based on their atomic number, electron configuration, and recurring chemical properties, has enabled scientists to make accurate predictions about the behaviors of elements and their compounds, thereby driving major advancements in everything from medicine to technology, a testament to its enduring influence in shaping our understanding of the natural world.

问题:

1. 在这段文章中,周期表的主要功能是什么?

2. 作者如何描述周期表在科学家预测元素及其化合物的行为方面的作用?

3. "thereby driving major advancements in everything from medicine to technology"这部分的含义是什么?

4. 根据这段描述,你认为周期表在我们理解自然世界中的影响有多大?

在回答问题时,请注意句子的主要部分,理解复杂的句子结构,并尝试通过上下文推断含义。

可以看出,从理论到实践,ChatGPT 在我们英语学习方面都能起到可观的作用。

此外,越是针对小语种的学习,ChatGPT 就越能起到举足轻重的作用。凭借对大量数据的积累,ChatGPT 能够提供丰富多样的学习材料,这对于资源相对稀缺的小语种学习尤为重要。如果我们因为工作需要将开始学习一门小语种,那么 ChatGPT 无疑可以成为我们的好帮手。

当然,无论是学习英语还是学习其他外语,要想真正精通一门语言,还是需要我们投入足够的时间和精力。而在我们学习态度端正、学习方法得当的基础上，ChatGPT在帮助我们学习外语方面将起到令人欣喜的提升我们学习效率的作用。

3.1.5　阅读背景材料

如果收集到的素材不够多，那么我们的写作就会难以进行下去；如果收集到的素材太多，我们就可能会面临在浩瀚的知识海洋中迷失方向的问题。

在深度探索某些知识领域时，如何有效穿梭在信息的洪流中，并时刻保持对信息的深度理解，这对任何一位写作者来说都是不小的挑战。如同惠普公司前董事会主席兼首席执行官卡莉·菲奥莉娜（Carly S. Fiorina）所说，在互联网时代，只有抓住速度，才能迈过竞争的门槛。

特别是在处理大量的阅读材料时，如果我们能在短时间内获取关键信息，理解深层的含义，并构建一种全局视角，那么我们就能建立属于自己的独特优势。

现在，ChatGPT有望为我们赢得这样的优势。ChatGPT精读大量内容，从而可以帮助我们处理海量的阅读材料。ChatGPT将在提示词的引导下，为我们提供一个理解、挖掘和利用复杂信息的高效方式。比如下面这个例子。

> **输入问题：** 你是一位商学院教授。请为我总结一下史蒂芬·柯维在《高效能人士的七个习惯》中所说的七个习惯分别是哪些。

> ⑤ ChatGPT：《高效能人士的七个习惯》是史蒂芬·柯维的经典之作，他在书中详细阐述了他对个人成效和自我提升的见解。以下是他定义的七个习惯。
>
> 积极主动：高效能人士会主动出击，对自己的生活负责，并积极应对挑战。他们理解自己的选择、行为和反应都在自己的控制范围内。
>
> 以终为始：这个习惯强调制定清晰的目标和愿景，然后以这些目标和愿景

为指导来行动。每个决定和行动都应该朝着这个愿景前进。

要事第一：这个习惯是关于时间管理和优先级设定的。高效能人士知道如何区分"重要"和"紧急"，并优先处理重要的事情。

双赢思维：在交流和谈判中，高效能人士寻求的不仅是自身的利益，也会考虑他人的需求和利益。他们追求双方都能得到好结果的解决方案。

知彼解己：在沟通中，高效能人士首先努力理解他人，然后寻求被他人理解。他们倾听他人的观点，以增进理解和共识。

统合综效：高效能人士相信协同效应，他们认为通过团队合作，可以创造出远超各个个体之和的结果。

不断更新：这个习惯是关于自我改进和持续学习的。高效能人士会定期花时间来充电，提升自身的体能、精神和智力，以保持和提高其效能。

这七个习惯提供了一种整合性的方法，帮助人们在私人和职业生活中实现有效性和平衡。

在短短几十秒之内，我们就能在ChatGPT的协助下，迅速了解这本经典著作的精华内容。

对于那些善于借助ChatGPT的力量的写作者来说，从今往后，他们对知识的学习和理解将不再受限于他们此前的阅读速度。他们的知识边界，也将随着阅读背景材料等多项技能的提升而逐步扩大。由此，受益于他们为写作所做的充分准备，他们将更有可能写出非凡的作品。

3.2 聚焦"擅长"定位的4个策略

面对不知道自己应该写什么的难题，ChatGPT无疑有大显身手之处。在本节中，通过了解聚焦适合的文章种类、聚焦适合的写作方向、聚焦适合的性格气质以及聚焦适合的职业身份这4个策略，我们将掌握ChatGPT助力我们聚焦"擅长"定位的关键所在。

📖 3.2.1　聚焦适合的文章种类

对于写作者来说，聚焦适合自己的文章种类，就如同为航船设定好了航向，这对我们的写作旅程具有重要的指引意义。

在自媒体生态日益繁荣的今天，许多文章种类都已经有了颇具特色的语言风格、结构框架以及情感调性。当我们深耕适合自己的文章种类时，我们就像是拥有了突破写作障碍的钥匙。这把钥匙能够解锁我们心中深藏的知识和灵感，让我们有大声说出内心想法的底气。

每种类型的文章，都有其独特的目标读者群体，选取适合的文章种类，也能帮助写作者更好地对话我们的读者。

无论是哪一种文章的写作，ChatGPT 都能凭借自身强大的信息储备量，在我们动笔的过程中为我们及时提供灵感，帮助我们迅速成文。一般而言，适合写作者快速上手的文章种类，分别有独家信息类文章、热点类文章以及趋势解读类文章这 3 种。下面我们可以结合实例分别看一看 ChatGPT 的具体用途。

首先是独家信息类文章。在写作这类文章时，我们能否以独家内容披露者的身份发声，是文章成功与否的关键。我们可以将提示词用于寻找我们的独家优势。

输入问题： 你是一位研究中国历史的专家。我来自福建省泉州市惠安县，想写一些介绍家乡独特历史文化方面的文章，请给我一些写作灵感。

---

⑤ **ChatGPT：** 惠安县，位于福建省泉州市，惠安县历史悠久且文化丰富。以下是一些可能的写作灵感，供你参考。

惠安石雕：惠安石雕是中国的非物质文化遗产，你可以从这个角度出发，详细地介绍这一独特工艺的历史发展、雕刻工艺，以及在现代社会的应用和价值。

惠女文化：惠安女性以勤劳智慧而闻名，而"惠女精神"已经成为惠安独特的文化标志。你可以深入探索这一文化现象，讲述惠女如何影响了惠安的社会经济发展。

海洋文化：作为一个海滨县，海洋对惠安的历史和文化产生了深远影响。你可以讲述惠安的渔业发展，以及惠安在历史上对海上丝绸之路的重要意义。

以上都是对惠安县历史文化的一些探索方向，希望能为你的写作提供一些灵感。记住，让你的热情和对家乡的热爱通过文字流露出来，这样你的文章就能够打动读者的心。

其次是热点类文章。热点是大家都关心的话题，如果我们能在 ChatGPT 的助力下，更多地谈论与大家都息息相关的内容，那么，这将有助于我们的文字被更多人看见。

> **输入问题：** 你是一位环保专家。世界环境日快到了，我希望写一篇关于世界环境日的文章，请为我介绍一下这个节日。

> ⑥ **ChatGPT：** 世界环境日是联合国设定的用于提高公众对环境问题关注度的重要的全球性节日。以下是你可能需要了解的一些关于世界环境日的信息。
>
> 目的和主题：设立世界环境日的目的是引起人们对环境问题的关注。每年的世界环境日都会设定一个特定的主题。
>
> 活动和参与方式：世界环境日的庆祝活动多种多样，包括环保知识讲座、垃圾清理行动、环保艺术展览、环保项目筹款等。
>
> 在你的文章中，你可能会详细介绍一些具体的主题，如特定年份的世界环境日主题，历年来的主题变化和趋势，世界环境日活动的案例分析，如何在日常生活中庆祝世界环境日等。希望这些信息能够帮助你开始你的写作。

最后是趋势解读类文章。时代瞬息万变，发展日新月异。大家都希望能够第一时间紧跟时代脚步，从新趋势中获得新洞见。在我们写作这类文章时，我们也应该重视 ChatGPT 为我们赋予的巨大能量。

> **输入问题：** 你是一位科技行业分析师。智能可穿戴手表行业发展至今，都有过哪些经典产品？这些产品的变迁，说明了哪些趋势？

> ⑥ **ChatGPT：** 智能可穿戴手表作为科技行业的一个重要分支，自诞生以来，已经推出了许多经典的产品。以下是一些代表性的产品和它们所体现的趋势。

Pebble：Pebble 是第一款真正大规模生产的智能手表，也是 Kickstarter 上最成功的众筹项目之一。Pebble 具有长达 7 天的电池续航能力、防水功能以及与 iPhone 和 Android 设备的兼容性。然而，尽管 Pebble 在早期获得了成功，但它最终无法与 Apple Watch 等产品竞争，于 2016 年停止了生产。这显示了在科技行业中，即使早期成功，也需要不断创新和投入以维持竞争力。

Apple Watch：自 2015 年发布以来，Apple Watch 已经成为市场上最受欢迎的智能手表之一。Apple Watch 凭借其精美的设计、强大的功能以及与苹果生态系统的紧密整合，获得了巨大的成功。此外，苹果还在心率监测、心电图等健康功能上进行了重点投入，使 Apple Watch 不仅是一款智能手表，更是一款健康监测设备。这显示了健康和健身功能是当前智能手表的重要发展趋势。

Fitbit：最初，Fitbit 是以健身追踪设备而闻名的，但随后也推出了自己的智能手表，如 Fitbit Ionic 和 Fitbit Versa。Fitbit 的设备通常拥有长久的电池续航能力和强大的健身追踪功能。虽然它的智能功能相比 Apple Watch 要弱一些，但其出色的健身追踪功能赢得了许多用户的喜爱。这显示了专注于特定领域，如健身和健康，可能是智能手表的一个有效的竞争策略。

Samsung Galaxy Watch：作为 Android 系统中的一款经典智能手表，Galaxy Watch 系列以其优雅的设计和强大的功能而受到欢迎。此外，Galaxy Watch 还兼容多种操作系统，提供了多种尺寸和样式的选择。这显示了多样化和个性化是智能手表的一个重要发展趋势。

3.2.2 聚焦适合的写作方向

专注于适合我们发挥才智的写作方向，也是非常重要的策略。如果我们想要在今后的写作中有源源不断的素材，能够突破瓶颈、写出自己独特的风格，我们就必须善用这一策略。

罗翔在哔哩哔哩等平台分享法律教育知识，受到广大网民的热烈欢迎，就是一个成功案例。

罗翔老师在互联网上的高人气，当然离不开他扎实的法律知识和丰富的教学经验，以及他非常接地气的讲解风格。但是这一切的前提，是他聚焦于法律教育的内容方向。如果罗翔老师没有提前确定适合的内容领域，而是聚焦于如时尚、影评等较难发挥自身特长的领域，那么，罗翔老师的热情、真诚和幽默也难以保证他可以收获目前这样的好口碑。

对于写作者来说，比较适合快速上手的写作方向，有历史类文章与职场类文章两种。在这两个方向上，ChatGPT 都能为我们带来不少助力。

我们先来看历史类文章。虽然我们并不是科班出身的历史学家，但是，《隋唐演义》《东周列国志》等通俗历史小说数百年来的广泛流传，正说明了大众对历史知识有着天然的兴趣。在这类文章的写作中，ChatGPT 可以起到关键性的助力作用。比如下面这个例子。

输入问题： 你是研究中国历史的专家。请介绍一下中国古代最著名的科学家有哪些。

---

⑤ **ChatGPT：** 中国古代科学家的贡献遍及天文、数学、物理、化学、医学、地质、农学等多个领域，他们的思想和发明至今仍对全世界有深远影响。以下是中国古代一些著名的科学家。

祖冲之：公元 5 世纪的数学家和天文学家，他的贡献包括对圆周率的精确计算，以及制作了中国最早的星表之一。

张衡：东汉时期的天文学家、数学家、地理学家、画家、诗人和发明家。他创作了大量的科学和文学作品，其中包括一部描述天文现象的诗。他还发明了地动仪，这是世界上最早的地震检测仪。

沈括：他是北宋时期的科学家，他的著作《梦溪笔谈》是中国古代最重要的科学和技术著作之一。他对地理、天文学、化学、矿物学、地质等领域都有巨大贡献。

华佗：他是东汉时期的名医，他在外科手术、麻醉学和药物学等多个领域都有重大贡献。他是最早使用全身麻醉的方法进行手术的医生。

这些只是中国古代众多杰出科学家中的一部分，他们的贡献深远影响了后世。

我们再来看职场类文章。无论是职场新人还是资深管理者，都有通

过职场类文章不断学习职场新知识、改善自身职业技能的迫切需求。我们可以借助ChatGPT的力量，写出尽可能多的"干货"文章，为读者的职场生涯提供助力。

输入问题：你是一位商学院教授。请介绍一种非常适合职场人士的时间管理方法，并告诉我该方法具体适合哪类职场人士。

⑤ ChatGPT：非常适合职场人士的一种时间管理方法是"Getting Things Done（GTD）"。GTD是由大卫·艾伦（David Allen）提出的一种系统化的时间管理方法，旨在帮助人们有效地组织任务、减少压力，并提高工作效率。该方法适用于多种职场人士，尤其是那些面临多任务、高压力和复杂项目的人。

GTD的核心理念是将任务从头脑中解放出来，转移到可信的系统中进行管理。以下是GTD的主要步骤。

1.收集：将头脑中的所有任务、想法、项目和承诺记录下来。使用笔记本、手机应用软件或电子邮件等工具，将任务集中起来，避免遗漏和遗忘。

2.整理：对捕捉到的任务进行评估和分类。区分出仅需两分钟能完成的任务、需要委派的任务、需要进一步计划的项目等。

3.组织：将任务和项目组织成清晰的系统。创建任务列表、项目清单和日程安排。使用标签、文件夹或电子工具进行分类和归档。

4.回顾：定期回顾任务列表和项目清单。确保任务的及时处理和更新，并优先处理重要和紧急的事项。

5.执行：根据任务的优先级和时间要求，采取行动并完成任务。根据需要调整日程安排，处理紧急任务或重新安排项目。

GTD适用于那些需要同时管理多个项目、任务和承诺的职场人士。它帮助人们更好地组织和处理工作，减少任务的遗漏和延迟，提高生产力和工作效率。此外，GTD还强调将任务与具体的行动细分，这有助于职场人士更好地掌控项目的进展和完成情况。

对于从事项目管理、销售以及研发等多种工作的职场人士，GTD都可以帮助他们提高时间管理能力，更好地应对日常工作中的挑战。

3.2.3　聚焦适合的性格气质

如同苏辙在《上枢密韩太尉书》中所说，"然文不可以学而能，气可以养而致"。写作者本身的性格气质，也能为他的文字赋予独特定位与价值。

事实上，大多数在文学史上享有非凡声誉的作家，都有基于自己性格色彩的独特文风。当我们想到庾信，想到秦观，想到郁达夫，想到张贤亮……我们马上就会想起他们风格迥异的文字，以及与文字风格浑然一体的思想观点。

由此可见，专注于适合我们性格气质的文风展开创作，非常有利于我们顺畅、持久地表达自己的想法，是很实用的创作策略。在这方面，ChatGPT 可以帮助我们更深入地了解自我，发现自己的性格特质。

> **输入问题：** 你是一位人才测评专家。请帮我设计一份性格测试问卷。

> **ChatGPT：** 当然可以。以下是一份性格测试问卷，这是根据五因素模型或大五人格理论（包括开放性、责任心、外向性、宜人性和神经质这五种主要特性）设计的。
>
> 对于以下的每个陈述，请在 5 分制的评分系统上打分，其中 1 表示"非常不符合"，5 表示"非常符合"。
>
> 1. 我喜欢思考和探索新的想法。（开放性）
> 2. 我总是尽力完成我所有的任务。（责任心）
> 3. 我喜欢社交活动，如派对或集会。（外向性）
> 4. 我总是乐于助人，并愿意付出时间和精力。（宜人性）
> 5. 我经常感到紧张或焦虑。（神经质）
> 6. 我很好奇，喜欢学习新事物。（开放性）
> 7. 我是个非常有组织性的人。（责任心）
> 8. 我喜欢独处，享受自己的时间。（外向性）
> 9. 我对他人很有耐心，总是尽力理解他们的观点。（宜人性）
> 10. 我经常担心将来可能发生的事情。（神经质）

评分标准:

在计算得分时,为每个类别(开放性、责任心、外向性、宜人性、神经质)中的问题加总得分。每个类别的最低分为2(非常不符合),最高分为10(非常符合)。

开放性: 问题1 + 问题6

责任心: 问题2 + 问题7

外向性: 问题3 + 问题8(这个是反向评分的问题)

宜人性: 问题4 + 问题9

神经质: 问题5 + 问题10

评估结果只是一个参考,能够提供关于个人性格的一些基本信息。五因素模型的目的是提供一个框架,用来理解人的行为、动机和性格等。

在了解了自身的性格气质后,我们还能让ChatGPT给出针对性的关于文字风格的建议,让我们的文字更加聚焦于自己的性格气质。

输入问题: 那么,如果我是一位外向性的写作者,我适合用什么样的文字风格写作?

⑤ ChatGPT: 如果你是一位外向性的写作者,你的写作可以重点体现出以下特征。

活力充沛: 你可能倾向于写作充满活力、富有动感的场景和人物。你的故事可以包含快节奏的对话,紧张刺激的情节,以及充满活力的角色。

社交主题: 作为一个外向的人,你可能更善于理解和描绘人际互动。你的作品可以经常聚焦在角色的社交生活和他们与其他角色的互动上。

乐观积极: 外向的人通常比较乐观,这可能会反映在你的写作中。你可以倾向于创作带有乐观主题的故事,或者使用更积极乐观的语气。

传播和分享: 外向的人善于交流和分享,这可以体现在你的写作中。你可能喜欢分享你的观点,倾听读者的反馈,甚至可能倾向于写作能够引发讨论的主题。

注重实际经验: 外向的人通常注重实际经验,这可能会影响你的写作方式。你可以多从自己的经历中汲取灵感,多描绘现实生活中的细节。

3.2.4 聚焦适合的职业身份

定位于深耕某些专业领域的职业身份，也有助于我们突破无内容可写的瓶颈，是能够不断提升我们的专业化品牌形象的明智策略。

事实上，我们在上一节所谈及的性格测试，就经常被用于职业生涯咨询等领域。这是因为，了解一个人的性格特点，可以在很大程度上帮助他制定更实际和更有效的职业目标。比如，一个具有较强责任心的人，在需要高度组织和细心的职业中更容易成功，如财务会计岗位或项目管理岗位等。

只要善用提示词引导 ChatGPT 为我们提供参考，我们就能够在找到擅长内容方面收获许多宝贵建议。比如下面这个例子。

输入问题： 你是一位新媒体写作专家。我是一家互联网公司的人力资源经理，如果我想开设自己的自媒体账号开始写作，那么请问撰写哪些内容会更有利于凸显我的学识与个人品牌定位？

ChatGPT：作为一名互联网公司的人力资源经理，你已经拥有丰富的行业知识和专业经验。以下是一些建议，可能有助于你建立个人品牌并提升你在自媒体上的影响力。

1.人力资源管理策略：分享你在人力资源管理方面的专业知识，如招聘策略、员工培训、人才发展、激励机制、绩效评估等方面的内容。

2.职业发展建议：基于你的专业知识，给求职者和在职员工提供职业发展的建议，如如何准备面试、写简历、谈判薪酬，如何提升职场技能等。

3.行业观察：分享你对互联网行业的见解，包括行业趋势、热门职位、新兴技术，以及它们对人力资源管理的影响。

4.公司文化和领导力：分享你对建立良好公司文化、推动多样性和包容性、提升领导力等方面的见解。

5.案例研究和故事：分享你的实际经验，包括成功的人力资源项目、解决工作中的挑战、你从错误中学到的教训等。

6.人力资源技术和工具：推介和评估人力资源管理的新工具和技术，如人力资源管理系统、员工满意度调查工具等。

7.嘉宾采访：你可以采访行业专家和成功的职业人士，他们的见解和经验可以为你的读者提供有价值的信息。

请记住，保持一致性和专业性非常重要。你的内容应该反映你的个人品牌和专业知识。此外，互动和及时回应你的读者也很重要，因为这可以帮助你建立一个忠实的读者群，并了解他们的需要和兴趣。

一个人的职业生涯总是在不断发展的。我们还可以与 ChatGPT 交流一下，如果我们升职了，那么我们的写作领域又能有哪些方面的拓宽。

输入问题：那么，当我在这家互联网公司晋升为人力资源总监后，我的自媒体账号的内容可以有哪些相应的更新？

⑥ ChatGPT：在你的职务提升后，你可以根据新的角色和责任，对自媒体账号的内容进行相应的调整。以下是一些可能的内容更新建议。

1.战略人力资源管理：作为人力资源总监，你会更多地参与公司的战略决策。你可以分享关于如何将人力资源战略与公司总体战略相结合，以及如何通过人力资源管理实现公司目标的内容。

2.领导力和管理：你可以分享你的领导和管理经验，包括如何管理和打造一个成功的人力资源团队，如何处理团队冲突，如何在变革中领导团队等。

3.人力资源数据分析：分享你如何使用数据驱动决策的经验，包括员工满意度调查，员工流失率分析，人才获取成本分析等。

4.变革管理：作为人力资源总监，你可能会涉及更多的组织变革管理。你可以分享关于如何管理和沟通变革，如何帮助员工适应变革的内容。

5.多元化和包容性：你可以分享你在推动公司多元化和包容性方面的经验和见解，包括如何制定多元化的招聘策略，如何提升公司的文化包容性等。

请记住，当你的角色和责任发生变化时，你的个人品牌也应相应地发展和调整。在新的角色中，你可能会得到更多的见解和经验，这都可以为你的自媒体账号带来新的内容。

在提示词的引导下，ChatGPT 为我们自媒体账号的内容升级提供了宝贵建议。由此我们可以发现，一位成功地找到自己擅长的定位的写作者，将拥有一座巨大的内容素材宝库，从而为自己的创作赢得独特的优势。

3.3 | 发掘爆款选题的4个策略

面对不知道读者喜欢看什么的难题，ChatGPT 的作用同样不容小觑。我们将在本节中一一讲解发掘有热度的选题、发掘选题的表达载体、发掘选题的新意以及发掘选题的相关话题这 4 个策略，从而探索运用 ChatGPT 发掘爆款选题的技巧。

3.3.1　发掘有热度的选题

为文章找到高热度选题的价值是极其可观的。

作为史上最成功的产品专家之一，索尼公司原总裁盛田昭夫曾多次表示，要永远先于消费者知道他们要什么。我们在创作内容产品时，也要有产品思维，把为尽可能多的用户提供尽可能有价值的内容作为我们的初心。由此，找到高热度选题这个策略的重要性，就显而易见了。

一方面，成功找到一个热门选题，意味着我们的文章更有可能在众多相似内容中被读者发现和阅读。高热度的选题常常能收获更多的搜索和关注，这将使我们的文章在搜索引擎和社交媒体平台上更容易被推荐和分享，最终使更多人受益。

另一方面，聚焦于热门选题的文章，更有可能引发读者的共鸣，激发大家对文中话题的兴趣和参与讨论的欲望。在面对高热度话题时，大家会更愿意留下评论、分享观点，甚至与写作者进行深入的讨论，这将为我们的文章增添更多的价值和互动性。

在这一点上，ChatGPT 能够有效起到发掘高热度选题、助力我们突破写作瓶颈的作用。它能够扮演目标读者模拟器的角色，用自身千亿级的数据参数，精选出高热度选题供我们选择。比如下面这个例子。

输入问题： 你是一位新媒体写作专家。我想写一篇关于世界睡眠日主题的文章，请为我列举 10 个高热度选题方向，并分别说明原因。

---

⑥ ChatGPT: 好的，以下是 10 个选题方向以及它们为文章带来更高热度的解释。

1.困扰现代人的睡眠问题：谈谈为什么现代人越来越难入睡？如何应对这些问题？由于现代人生活节奏快、工作压力大等原因，很多人都会有睡眠问题。如果你能深入剖析这一现象，并给出一些解决方案，那么你的文章将受到更多人的关注。

2.如何优化睡眠环境：揭示一个安心入眠的卧室需要哪些元素。许多人不知道一个好的睡眠环境需要哪些细节，因此这个选题具有非常高的实用价值。你可以从床垫、窗帘、灯光等各个方面来介绍"良好卧室"的要点，并给读者提供一些有用的建议。

3.睡眠和健康的关系：探究睡眠不足对身体和心理的影响。这个选题方向关注睡眠和身体健康之间的联系。如果你能揭示出睡眠不足和各种健康问题之间的关系，如心脏病等，那么你的文章一定会获得很高的关注度。

4.不同年龄段睡眠需求的差异：为不同人群量身定制睡眠计划。不同年龄段的人对睡眠的需求是不同的。年轻人和老年人在睡眠时间和质量上都有所差别。如果你能通过一些数据来呈现这些差异，让读者更好地理解自己的睡眠需求，并给出一些针对不同年龄阶段的睡眠建议，你的文章将很受欢迎。

5.饮食与睡眠：科学指导我们怎样吃可以帮助入眠。睡眠和饮食之间的联系是很紧密的。如果你能够探究什么食物可以帮助人们入睡，并介绍一些科学方法来帮助人们摆脱睡眠障碍，你的文章将引起人们的极大兴趣。

6.睡眠的误区：阻碍你拥有良好睡眠的可能是你的错误观念。有许多关于睡眠的误区，它们会影响人们睡眠的健康水平。如果你能够挑选一些常见的误区，然后介绍一些科学的解释来帮助人们消除这些错误观念，那么你的文章一定会成为热门话题。

7.睡眠和工作、学习的关系：揭示什么样的睡眠习惯更有利于提高效率。无论是在工作上还是在学习上，良好的睡眠都是成功的关键之一。如果你能够探究需要睡多长时间才能提高工作和学习表现，并分享如何培养良好的睡眠习惯的秘诀的话，你的文章将受到很多人的追捧。

8.睡眠中的梦境：解读梦境背后的含义。梦境一直以来都是人们津津乐道的话题。如果你能够解读一些常见的梦境背后的意义（如飞行、掉牙等），并提供一些关于梦境如何影响我们日常生活的有趣观点，那么你的文章将引起人们的共鸣。

9.睡前洗澡还是不洗澡：揭示科学为何鼓励在睡前洗澡。人们经常纠结是应该在睡前洗澡还是在早上洗澡。如果你能够揭示一些有趣的事实，例如，睡前洗澡如何有助于入眠、洗澡温度如何影响睡眠质量等，并为读者提供一些实用的建议，那么你的文章可能会引起广泛的关注。

10.睡眠中的疾病：找出面对失眠和其他睡眠障碍的正确方法。许多人会受到各种睡眠障碍的困扰，如失眠、睡眠呼吸紊乱等疾病。如果你能够探究这些问题的根本原因并给出一些解决方案，那么你的文章将得到很多读者的欣赏和分享。

我们发现，这里面相当一部分选题都有爆款潜质。能够深入阐述睡眠的误区及其危害，或者能够细致分析如何优化睡眠环境的"干货"文章，一定会受到大家的重点关注。对于每一位写作者而言，ChatGPT发掘爆款选题的能力都不容忽视。

3.3.2 发掘选题的表达载体

精准聚焦有热度的选题，只是突破写作瓶颈、撰写出爆款文章的必要条件。接下来我们还需要重视另一个关键性策略：找准适合这个选题的表达载体。

有爆款潜质的选题和恰当的表达载体，都是写好一篇文章不可或缺的组成部分。优秀的选题需要配合与之气质契合的表达载体，才能达到最佳效果。

在新媒体环境中，适合写作者快速上手的表达载体主要有两种：结合自己的亲身经历，或结合热门的影、音、书等作品。对此，我们也可以运用提示词让 ChatGPT 多多建言献策，帮助我们找到更适合的表达载体。比如下面这个例子。

输入问题：你是一位新媒体写作专家。我想写一篇关于父爱的伟大的文章，主题是孩子应该多去体会自己父亲的艰辛。请问在写这篇文章时，是结合亲身经历会更受大家欢迎，还是结合著名电影、小说中的动人情节会更受大家欢迎？

⑨ ChatGPT：在写这篇关于父爱的伟大的文章时，结合亲身经历和著名电影、小说的动人情节都有其各自的优势。

首先，结合亲身经历来写文章可以让文章更加真实和贴近读者的生活，从而引起读者的共鸣并吸引读者投入情感。通过描述自己与父亲的互动、理解和感情，可以让读者更好地了解文章主题的重要性和深刻意义。此外，结合亲身经历可以使文章更有个性和真实感，从而让读者对文章更加信任和愿意参与讨论。

其次，结合著名电影、小说的动人情节来写文章可以从多个角度讲述父爱伟大的故事，用更加具体的场景和情节来吸引读者的阅读兴趣，从而更好地传递文章主题的内涵和意义。此外，由于电影、小说是大众喜欢的娱乐方式，因此结合这些元素也可以吸引更多的读者来关注和分享文章。

因此，无论是结合亲身经历还是结合电影、小说中的动人情节来写这篇关于父爱的伟大的文章，都需要根据目标读者及时调整和优化文章内容，保证文章具有鲜明的个性和足够的生动性。只有这样，才能使文章成为广大读者喜欢的优秀作品。

ChatGPT 给出的答案很具有合理性与实操性。只要我们能确定这篇文章究竟是以深深打动与我们类似的读者为主，还是以吸引尽可能多的读者来阅读为主，我们就能顺利选取恰当的表达载体。

假设我们已经确定了文章的目标是前者，那么我们还可以通过继续追问的方式，让 ChatGPT 给出更细化的建议。

输入问题: 那么,如果我想结合亲身经历来写这篇文章,描写父亲与我的哪些类型的故事情节,会是更适合这篇文章的选择?

---

⑥ **ChatGPT:** 在描写父亲与你之间的故事情节时,以下类型的故事情节可能更适合这篇文章。

日常生活中的小细节:通过描写父亲在日常生活中的小细节,如他曾为你做早餐、陪伴你完成作业、关心你的学业和生活等,可以展示出他的关爱和付出。这些平凡而真挚的故事情节能够让读者更容易产生共鸣,并体会到父亲在生活中的艰辛和付出。

特殊时刻的感人经历:可以回顾一些特殊时刻,如父亲为你庆祝生日、在重要比赛中为你加油、在你遇到困难时给予支持和鼓励等。这些特殊的故事情节,能够突出父亲的关怀和奉献精神。对这些瞬间的描写能够引起读者的共鸣和感动,并加深对父爱的理解。

父亲对你成长的无私付出:描述父亲在你成长过程中的无私付出,比如,他为了你的教育和成长而牺牲自己的时间、精力和个人爱好。这些故事情节能够让读者更加意识到父亲为了孩子的成长做出的牺牲和付出。

父亲在你困境中的支持:描写父亲在你遇到困境、挫折或失望时给予的支持和鼓励。这些故事情节可以展示父亲在你生活中的存在和支持,以及他在你最需要时的陪伴和安慰。由此,读者将能够感受到父爱的力量和温暖。

父亲对你未来的期望和祝福:描写父亲对你的美好祝福,强调他希望你能够成为一个独立、坚强和幸福的人。这样的故事情节可以展示出父亲对你无限的爱和对你未来的期望,激发读者对父爱的理解和尊重。

综上所述,以上故事情节可以更好地体现出父亲的艰辛和伟大,让读者更加了解和感受到父爱的真实力量。

ChatGPT建议我们要多多关注的内容,正是我们平日里极其容易忽略的关于父爱的暖心细节。可见,在发掘选题表达载体的细化建议上,ChatGPT的回答同样值得仔细聆听。

3.3.3 发掘选题的新意

在发掘爆款选题方面，有一类文章经常会面临一些选题搜寻障碍，而且即使文章好不容易成稿，也相对更难成为爆款。这就是专业"干货"类文章。

早在 20 世纪，这一现象就引起了知识传播界的关注。对此，英国物理学家斯蒂芬·威廉·霍金曾有过精彩总结："一本科普书籍每增加一个公式，它的销量就会减半。"

在写作这类文章时，写作者常会犯两个错误。

第一，完全不管文章的可传播性，而是尽量往艰深、晦涩的方向去写。这种行为会导致文章难以被读者真正理解，甚至可能让读者望而生畏，失去阅读兴趣。这种文章适合投稿给学术期刊，但在新媒体传播渠道中，它是难以在读者中产生影响力的，也是难以传播知识的。

第二，完全不顾文章的专业度，而是向浅薄妥协，这导致文章的信息含量丧失殆尽。如果写作者为了追求易读性和可传播性而牺牲了文章的专业度，那么，文章就可能丧失其原有的力量和价值。读者寻求的不仅仅是浅显易懂的内容，他们也期望能从我们的文章中获得深入的见解和独特的价值。

那么，如何为通篇满是知识"干货"的文章发掘有新意的选题？恰当的策略是，将我们想要表达的专业类知识，与受到大众欢迎的热点关键词结合起来。

这些热点关键词，可能是大家一直以来关心的热点话题，也可能是近期互联网上非常流行的电影、电视剧等作品。与这类热点关键词结合，不仅可以让读者对文中的专业性内容充满兴趣，也可以让专业性内容因为有了生动的实例而更容易被大家理解。

此时，ChatGPT 的价值就迅速凸显了出来。一直深耕于专业学术领域的写作者，往往难以把握新媒体时代读者的阅读偏好。事实上，这也是阻碍这类作者拿起笔为大众写作的一个重要原因。而在 ChatGPT 关于有新意选题的建议下，专业"干货"类文章也完全可能具备爆款潜质。比如下面这个例子。

输入问题： 你是一位新媒体写作专家。我是一位天体物理学家，我想写一篇结合正在热映的电影《流浪地球》这个网络热点，向大众普及天体物理学知识的文章，请问我可以写哪些选题？

ChatGPT： 很高兴你计划通过《流浪地球》这个热门话题来普及天体物理学知识。以下是你可以考虑的几个选题。

1.《流浪地球》背后的科学：地球的运动与引力。此选题可以详细解释地球如何在太阳系中运动，以及引力在其中的作用。因为电影的核心设定就是改变地球的运动轨迹，因此这个主题能够直接和电影内容相联系，易于吸引读者。

2.宇宙中的漫长旅程：《流浪地球》中的距离和时间。这个选题可以解释宇宙的尺度，如何测量星际距离，以及为什么说宇宙旅行需要耗费如此长的时间。这个主题可以让读者理解电影中地球远行所需要的时间，同时也可以解答许多人对于宇宙旅行时间感知的疑惑。

3.《流浪地球》的科学畅想：我们真的能移动地球吗？通过分析现代科技与电影中的科技设定，此选题旨在引发读者对天体物理学在现实生活中的应用的思考，增强科学的现实意义。

4.从《流浪地球》中看地球与太阳的关系。这个选题可以深度分析太阳对地球的重要性，包括我们对太阳能的依赖，太阳对地球气候的影响等。这个话题将使读者对太阳的理解超越"地球的光源"这一基本认识，对于提高大众的环境保护意识也有积极作用。

5.探索宇宙：《流浪地球》中的天体物理学知识点。此选题可以从电影中提炼出多个具体的天体物理学知识点，如行星运动、引力弹弓效应等，通过逐一解析，使读者在享受电影的同时，增长科学知识。

可以看出，ChatGPT 给出的是一份高分答卷。

这些旨在引发大家对天体物理学兴趣的选题，通过将枯燥的科学知识与热门电影相结合，能够让读者在轻松的环境中接受科学教育。与此同时，选择这些热门选题，能在帮助大家提高科学素养的同时，更好地帮助写作者树立在新媒体渠道中的个人品牌。今后在撰写涉及大量专业知识的"干货"文章时，我们都不应忽视 ChatGPT 在发掘爆款选题上的重要价值。

3.3.4　发掘选题的相关话题

规划好一篇文章的选题方向，这不叫突破写作的瓶颈；规划好一系列文章的选题方向，才叫突破写作的瓶颈。所以，经验丰富的写作者，都深知"系列选题"的巨大意义。

在我们的创作中，找到并深耕适合自己的系列选题，是能够实现事半功倍效果的优秀策略。通过连续发布相关主题的内容，写作者可以在撰写系列选题的过程中构建一个连贯、完整和高价值的知识体系，提供给读者持续的阅读体验和期待感。

很多人都知道，爆款内容是稀缺的。然而鲜为人知的是，在一定程度上，爆款内容也是重复的。这里的"重复"，不是指文章的遣词造句都一模一样，而是指那些受欢迎的、热门的内容，往往有一定的可复制性和规律性。所以，希望撰写一系列爆款文章的写作者，应该细致总结某一类热门选题的共同特征和成功要素，以此为参考来策划和编排一系列文章的选题。

这项重要而颇具挑战性的工作，ChatGPT 完成起来却有不小的把握。通过将一个具有广泛关注度的选题，分解为多个相关的子主题，ChatGPT 能够让读者连贯性地理解和跟进整个系列的内容，获取更全面、更深入、更多角度的信息。比如下面这个例子。

> **输入问题：** 你是一位新媒体写作专家。我是一位演讲培训顾问，我想

开设我的自媒体账号，写作主题是关于演讲对职场人士长期发展的积极意义。请介绍一下，我应该写哪几个选题，才是更受读者欢迎，同时也更有利于作者个人品牌建设的选择。

⑤ **ChatGPT:** 作为一位演讲培训顾问，您的写作主题是关于演讲对职场人士长期发展的积极意义。以下是可供选择的几个选题，这些选题不仅能够吸引更多的读者，还有助于提高您的个人品牌价值。

1.如何将演讲能力转化为职业机会：探讨如何将演讲技能、经验与工作需要相结合，以实现职业进步和提升。这类文章可以聚焦于分享成功案例、推广自身经验以及介绍行业内的机会等内容。

2.通过演讲技巧提升领导力：重点讨论演讲技巧如何促进领导力，论述演讲技巧在职场中如何助力自信心的建立、表达能力的清晰化、信息传递的成功实现以及压力管理等。

3.将演讲技巧应用于团队沟通：教读者如何利用演讲技巧来促进团队成员之间的沟通和合作，以实现更好的团队效能和生产力。文章内容包括演讲技巧的介绍、沟通技巧的应用和团队成功案例。

4.建立和发展演讲技巧：为读者提供一些实用的建议和技巧，帮助他们在日常生活中培养和提升演讲能力。文章内容包括如何准备演讲、制订演讲计划、表达自我以及掌握演讲技巧。

这些选题都是非常有价值和受欢迎的。职场人士都希望能够借助演讲能力实现职业发展，因此，这样的主题对职场人士具有很高的吸引力。同时，这些选题可以提高您作为演讲培训顾问的专业形象，并展示您丰富的知识和经验。

我们会发现，ChatGPT的这几条建议，都说到了职场人士的心坎里。

谁不希望拥有更多的职业机会？

谁不希望锻炼出更强的领导力？

谁不希望工作在更轻松、更高效的团队沟通氛围中？

在中文互联网里，如果有一位专业功底深厚、语言风格生动的演讲培训顾问，能够接受ChatGPT的以上建议，持续聚焦于这些话题，写深、写透、写全，那么，他的自媒体账号必然会成为一座陈列爆款文章的展览馆。

由此我们也能发现，在做好了完善写作准备、聚焦"擅长"定位以及发掘爆款选题的工作后，我们将有信心、有方法突破一系列写作瓶颈，借助ChatGPT的力量成为更受欢迎的写作者。

第四章

3个方面
建立坚实的创作基础

很难想象，一位没有坚实的创作基础的写作者，可以持续写出优质作品、始终屹立在内容行业的浪尖潮头。对于写作者来说，我们面临的挑战不仅在于将最初的思考凝练为动人的文字，还在于如何长久地保持创作热情和灵感，持续地向读者提供有深度、有价值的内容。若没有坚实的创作基础，这一切就都无从谈起。

幸运的是，在ChatGPT可以陪伴在写作者身边的今天，我们有望借助ChatGPT的力量，更高效地提升写作基本功。在本章中，通过掌握ChatGPT在构思严谨的提纲结构、汲取创意灵感以及打造吸睛标题上的助力作用，我们将更清晰地了解ChatGPT应用于写作领域的潜力，从而为自己今后的创作打开新的思路。

4.1 构思严谨的3种提纲结构

一篇结构清晰、逻辑严谨的文章，往往源于一份精心设计的提纲。在本节中，通过发现ChatGPT在助力我们构思总分式结构、递进式结构以及并列式结构提纲上的价值，我们将对如何构思严谨的提纲结构拥有更深入的了解。

4.1.1 总分式结构

写提纲对于创作的价值，是如何强调都不为过的。

正如美国作家凯蒂·维兰德（K. M. Weiland）所感慨的，写出成千上万的文字已然不易，将它们衔接起来，让它们放在一起讲得通、有趣味、能引起共鸣，更是难上加难。毫不夸张地讲，创作的难度足以让我们双腿战栗。提纲可以帮助我们摆脱这一状态，它能确保我们创作出完整的作品。

一份优秀的提纲，能够帮助写作者梳理逻辑、整理思路，并确定文章的主题、结构、重点和细节等，是我们写作旅程中不可多得的指南针。

学习撰写应用场景广泛的提纲，并将其视为自己写作的基本范式来扎实学习，是非常有必要的。在我们日常的写作中，总分式结构就是一种较为常见的提纲结构，也是写作者较容易掌握的文字布局结构。

总分式结构的文章，常用全文的开头作为总述，介绍主题以及核心观点。接下来，文章的分述部分以有序的方式逐一展开，每个分论点都是对主题的具体阐述。在文章结尾处，写作者可以开展总结或抛出结论，将分论点进行整合，强调文章的核心思想。

为什么这类文章非常适合快速上手？这是因为，总分式结构是人们最熟悉的写作结构，写作者在撰文时也最容易掌控全局，只需要在动笔前先想好文章的核心观点，接下来就能顺着思路列举分论点，形成文章的整体框架。

采用总分式结构创作的文章，往往具备以下优势。

（1）清晰明了。总分式结构使文章的逻辑关系非常清晰，读者可以轻松理解文章的组织结构和内容流程。

（2）强调重点。总论部分是文章的起点，它可以突出强调文章的主题以及核心观点，帮助大家迅速抓住文章的重点。

（3）全面展示。通过逐个列举分论点，总分式结构可以有序地展示所有的观点或论据，使大家能够系统地了解和掌握文章的内容。

（4）引导思考。总分式结构可以引导读者思考和理解每个分论点，从而逐步探索文章的主题，并帮助读者对写作者的观点建立全面的认知，引发读者的延伸思考。

用总分式结构写文章"易学"，但不代表"易精"。

这类文章的出彩，非常有赖于文章的核心思想——核心思想要一鸣惊人、另辟蹊径。此外，在撰写总分式结构文章里的分论点时，应该做到紧扣题眼、界限清晰、涵盖全面，争取将分论点设置得尽可能合理化、全面化。在这些方面，ChatGPT 都有可以大显身手之处。比如下面这个例子。

输入问题： 你是一位新媒体写作专家。我想写一篇反驳读书无用论的文章，请用总分式结构，为文章提供核心观点和提纲。

⑤ ChatGPT： 好的，我可以为您提供一篇反驳读书无用论的文章的核心观点和提纲，采用总分式结构，具体如下。

核心观点：读书无用论是巨大的谎言，多学习、多读书仍然是改变命运的绝佳途径。

第一部分：开篇

引入一部分人的读书无用论的想法，提出文章的核心观点。引用相关统计数据或研究结果，证明读书的普遍价值和重要性。

第二部分：多学习、多读书为增长知识与发展思维带来的好处

阐述知识对个人成长和认识世界的重要性。引用成功人士的案例，说明他们成功的背后离不开广泛的阅读和学习经历。

第三部分：多学习、多读书为技能提升与职业发展带来的好处

论述现代职场对综合技能的需求增加的现状。引用相关研究或实例，说明通过多学习、多读书可以提升语言表达能力、逻辑思维和解决问题的能力。强调读书对个人在职场上的竞争优势和职业发展的重要性。

第四部分：多学习、多读书为人际交往与增强社会影响力带来的好处

论述人际关系在个人和职业成功中的关键作用。引用相关研究或实例，说明阅读可以丰富见闻、拓展交流话题，提高个人的社交影响力和人际交往能力。强调通过多学习、多读书可以在社会中产生更大的影响力。

第五部分：结论

总结文章的核心观点，即读书无用论是错误的看法，多学习、多读书仍然是改变命运的绝佳途径。强调个人应该积极投入时间和精力进行学习和阅读，以提升自身素质和实现个人成长。鼓励读者去探索和发现知识中的乐趣，并在日常生活里将学习和阅读融入自己的习惯中。

ChatGPT 为我们带来了一份结构清晰、重点突出的总分式结构文章框架的建议。通过对文中各个部分的全面论述，这篇文章可以有力地反驳读书无用论，强调多学习、多读书对个人发展的积极影响。而且，文章的核心观点也非常醒目，能够引导大家开展一系列延伸思考。在严谨的

提纲结构的支撑下，我们的写作就能做到高效且富有成果。

4.1.2 递进式结构

如果我们希望一份写作提纲能起到助力我们清晰、有条理地组织思维的作用，那么，采用递进式结构布局文章会是一个好选择。

递进式结构的文章，会以逐步发展的方式呈现文章的内容。在开篇部分，这类文章常常从基础现象或简单概念开始，为读者建立起正确的认知框架，引导他们逐步深入了解文章所涉及的话题。接下来，文章将通过逐步拓展的方式，扩大讨论的范围，介绍更加深入和广泛的内容，帮助大家加深对文章所关注的问题的理解。最后，写作者将对全文进行总结、概括，使大家能够在有层次感的内容中收获新知。

采用递进式结构的框架来构思和写作，优点如下。

（1）强化逻辑关系。递进式结构通过逐步发展的方式呈现信息，使文章的逻辑顺序更加清晰和连贯。文章每个阶段的立论都建立在前一个阶段的基础上，这能够形成有序的思维链条，使读者能够更好地理解文章的论述和观点。

（2）深入剖析。递进式结构的文章，可以逐步展开和深入阐述主题或论点，提供更多的细节和例证，从而增加文章的深度和丰富性，使读者获得更多"干货"信息。

（3）保持读者兴趣。递进式结构能够吸引读者步步紧跟写作者的思路，增强读者的阅读体验和参与感。读者通过阅读文章的每个递进阶段，能够逐渐接收新的信息和观点，这将增强读者在阅读过程中的好奇心和兴趣。

优秀的递进式结构的文章，都有着思路连贯、逻辑清晰的思维链条。我们在创作这类文章时，应该善用提示词引导 ChatGPT，在 ChatGPT 给出的建议的基础上逐步厘清文章的思路。比如下面这个例子。

输入问题： 你是一位新媒体写作专家。我想写一篇从如何处理恋爱中的日常小矛盾入手，分析年轻人该具备何种爱情观的文章，请用递进式结构，为文章提供核心观点和提纲。

⑤ **ChatGPT:** 好的，我可以为您提供一篇从如何处理恋爱中的日常小矛盾入手，分析年轻人该具备何种爱情观的文章的核心观点和提纲，采用递进式结构，具体如下。

核心观点： 当代年轻人应该具有包容、沟通、尊重等爱情观念，通过拥抱差异，建立健康稳定的恋爱关系。

第一部分：引言

介绍当代年轻人的恋爱中经常会发生哪些日常小矛盾，说明文章的话题和意义。

第二部分：介绍日常小矛盾产生的原因和影响

在这一部分，文章通过分析日常小矛盾的形成原因和长期积累后可能引发的影响和危害，引导读者认识缓解日常小矛盾的重要性和必要性，认识沉默、逃避等消极处理方式的弊端。

第三部分：解决日常小矛盾的方法和建议

在这一部分，文章将提供针对不同类型小矛盾的解决方法。比如，在处理生活琐事时，需要互相协调好分工和责任，让双方都有参与感和满足感；又如，在意见不一致时，需要互相沟通、理解对方想法，达成双方都能接受的共识等。同时，文章也应该强调解决日常小矛盾的重要性，并提供一些实用的技巧和建议。

第四部分：探讨当代年轻人应该具备哪些爱情观念

在这一部分，文章可以从包容、沟通、尊重等多个方面，阐述恋爱中的重要品质，分别对这些品质逐一进行详细解释，并举例说明其应用场景。例如，在讲述包容时，文章可以指出包容不是委曲求全，而是要学会理解他人的想法和行为，通过示爱等方式表达自己的态度。

第五部分：结论

总结全文，重申当代年轻人应该具备什么样的爱情观念。在结论中，文章再次阐述包容、沟通、尊重等重要品质的积极意义，强调通过解决日常小矛盾来建立健康稳定的恋爱关系的必要性，并鼓励读者在日常生活中融入这些技能，建立美满幸福的恋爱关系。

在这份递进式结构的行文框架中，ChatGPT给出的思维链条是清晰而富有逻辑的。通过引入问题、介绍日常小矛盾、提供解决方法、探讨爱情观、总结全文等环节，文章的分析在逐层加深、层层递进。

在ChatGPT的助力下，我们撰写的这类具备扎实基础的文章，往往可以有较高的可读性和参考价值，也能真正为读者带来足够的信息增量。

4.1.3 并列式结构

除了总分式结构与递进式结构，还有一种文章布局结构值得我们作为写作的基本范式来扎实地学习，它就是并列式结构。

并列式结构的文章，通过并列多个观点、主题、情节或事件，以清晰、连贯和有逻辑的方式展示信息或观点。这种结构的核心在于并列和平衡，以此来传达主题、阐述观点或者讲述故事。如果说递进式结构更适合用于那些"以理服人"的文章，那么，并列式结构就更适合用于那些"以情动人"的文章。

采用并列式结构写作，往往可以为文章带来以下优点。

（1）增强文章的韵律感。通过并列式结构，写作者可以创造出明显的重复节奏。这种重复节奏就像音乐中的鼓点，可以为文章带来可观的韵律感。由此，读者也会对文章产生更深的感情投入和价值共鸣。

（2）增强文章的感染力。在并列式结构中，各个部分语义明确，逻辑关系清晰，读者无须在复杂的语句和模糊的逻辑关系中摸索，可以直接理解作者的意图。此时，清晰易懂的文字能够直抵读者的心灵，引起大家的情感共鸣，使文章具有更强的感染力。

（3）增加表达方式的多样性。采用并列式结构，可以使文章的表达方式更加灵活多样。通过将相似的案例或语句排列在一起，文章在表达方式上可以跳脱出传统的对立二分思维和单一的表达形式，从而给读者带来全新的视角与阅读体验。

要想创作一篇富有韵律感、感染力与多样性的并列式结构的文章，我们依然可以借助 ChatGPT 的力量。比如下面这个例子。

> **输入问题：** 你是一位新媒体写作专家。我想写一篇主题为滥竽充数的管理者正在毁掉公司里优秀年轻人的文章，请用并列式结构，为文章提供核心观点和提纲。

⑤ ChatGPT： 好的，我可以为您提供一篇主题为滥竽充数的管理者正在毁掉公司里优秀年轻人的文章的核心观点和提纲，采用并列式结构，具体如下。

核心观点：滥竽充数的管理者，禁锢了优秀年轻人的才华，并在无声无息中破坏着公司的内在生态。

第一部分：开篇

指出滥竽充数的管理者是说那些缺乏专业技能和领导力，只关注短期利益，用不合理的方式管理员工的人。这些管理者将会对公司和年轻人造成负面影响。

第二部分：案例一

滥竽充数的管理者通常缺乏必要的专业技能和知识。他们可能并不熟悉公司的业务模式或行业规则，也不了解市场的需求和趋势。由于缺乏这些知识，他们可能会做出错误的决策或推行不当的政策，从而对公司和年轻人造成不利影响。

比如，在一家科技公司中，一位没有任何技术背景的中层管理者被任命为技术部门的负责人。由于缺乏相应的专业技能和知识，他很可能不懂得如何管理技术人员和推动技术创新。结果，技术部门的年轻员工感到困惑和失望，他们不再相信这位管理者的能力。在这种情况下，公司的核心业务将受到直接的威胁。

第三部分：案例二

滥竽充数的管理者通常也缺乏领导力。他们可能缺乏沟通技巧、洞察能力和组织能力等方面的才华。由于缺乏这些能力，他们不能够激发年轻员工的热情和合作精神，这将导致公司内部的分歧和矛盾不断加剧。

比如，在一家制造业公司中，一位没有任何管理经验的员工被任命为车间主任。由于缺乏足够的领导力，他无法有效地组织车间内部的协作，也没有能力处理针对年轻员工的各项分配事宜。结果，公司的生产效率下降，许多年轻员工感到不满和失望，最终导致企业的市场地位和形象受到损害。

第四部分：案例三

滥竽充数的管理者通常也会追求短期利益。他们可能会为了追求短期的经济效益而不顾及公司长远的发展前景，采取一些不负责任的行为或决策，从而对公司和年轻人产生负面影响。

比如，在一家金融公司中，一位道德观念淡薄的高管，为了提高公司营业额，将客户信用评级做了调整，随后发放大量不良贷款。虽然在短期内这种做法很有效，但是这意味着公司的信誉度下降，公司必然会因此蒙受损失。

第五部分：结论

总体而言，滥竽充数的管理者缺乏专业技能和领导力，只关注短期利益，推行不合理的管理方式。他们禁锢了优秀年轻人的才华，并在无声无息中破坏着公司的内在生态。所以，企业需要加强对于管理者的考察和选拔，并给年轻人提供更多机会和支持。只有这样，企业才能够实现真正的长远发展。

ChatGPT在提示词的引导下提供了一份优秀的文章提纲。当公司执掌者与企业中的年轻人读到这些文字时，无疑会对文中涉及多个行业的鲜活事例久久不能忘怀，并深刻意识到滥竽充数的管理者的巨大破坏力。

在未来，当我们能在ChatGPT的助力下，通过各种布局严谨、思路清晰的提纲来确定文章各部分的内容后，我们就能显著降低创作的难度，为持续高效写作打下基础。

4.2 汲取创意灵感的6种方法

如何借助ChatGPT的力量，摆脱灵感枯竭的尴尬？在本节中，通过了解故事续写、给定特定主题、给定特定图画、关键词组合、构建世界以及借助日常现象这6种汲取创意灵感的方法，我们将能够更好地运用ChatGPT激发创新思维，从而获取更多的写作灵感。

✍️ 4.2.1　故事续写

除了撰写提纲，寻觅灵感也是我们写作中尤其需要重视的基本功。

灵感是一种突然的心智激活，它来源于我们对外部世界的新颖解读和深入感知。在创作领域，灵感常被用来代指那些突然的、强烈的创新思考或艺术冲动。想要寻觅灵感绝非易事，这需要写作者尽情发挥想象力，穷尽思维探索的边界去发掘与追寻。

西晋文学家陆机有云："其致也，情瞳昽而弥鲜，物昭晰而互进。倾群言之沥液、漱六艺之芳润。浮天渊以安流，濯下泉而潜浸。"这表明，文思灵感的到来，需要写作者思绪激荡、心潮翻滚，让想象力忽而漂浮于天池之上，忽而又下潜至地泉之中。

汲取创意灵感难如登天的状况，有望在 ChatGPT 横空出世的今天得到缓解。只要善用 ChatGPT 在寻觅灵感上为我们"浮天渊""濯下泉"的重要助力作用，我们就能让自身的写作基础更加夯实。

当然，在与 ChatGPT 就此话题交流时，我们尤其需要重视此前所说的"要求多元答案"的提示词撰写技巧。如果只让 ChatGPT 给出一两个答案，那么我们用于获取创意的灵感池就太浅了。只有让 ChatGPT 输出多个答案，才是我们避免单一视角、创造无限可能的明智选择。

在 ChatGPT 能为我们提供灵感的所有方法中，最容易上手的第一种方法是故事续写。

每位写作者都有自己多年来印象深刻的故事情节。让 ChatGPT 对此开展续写，可以有效地从不同侧面启发我们对此的解读，从而帮助我们产生新的写作灵感。比如下面这个例子。

> **输入问题**：你是一位专业作家。请为我续写 10 个关于塞缪尔·贝克特的《等待戈多》的不同后续故事。

> ⑥ **ChatGPT**：好的，以下是我为您续写的 10 个关于塞缪尔·贝克特的《等待戈多》的不同后续故事。

1. 弗拉季米尔和爱斯特拉冈突然被带回了他们年轻的时候，那时他们还未开始等待戈多。他们有机会改变他们的选择，但他们发现，他们仍然会选择等待戈多。

2. 弗拉季米尔和爱斯特拉冈注意到枯树开始生长出新的叶子。他们挖掘树下的土壤，发现了一个神秘的盒子。盒子里充满了关于戈多的线索，他们开始重新审视戈多的存在。

3. 一天，弗拉季米尔发现了一封信，上面写着戈多的名字。信中，戈多道歉他没有如期出现，并解释他被困在某个地方无法离开。然而，信中并没有说明戈多的确切位置。两人开始寻找戈多，这成了他们新的等待。

4. 当夜晚降临，弗拉季米尔和爱斯特拉冈发现他们的影子形状像极了他们想象中的戈多。他们开始质疑戈多是否真的存在，或者他们自己就是戈多。

5. 一首老歌在风中飘来，歌词中出现了戈多的名字。这首歌激起了弗拉季米尔和爱斯特拉冈对戈多新的想象和期待。他们开始唱这首歌，把它看作他们等待的象征。

6. 就在弗拉季米尔和爱斯特拉冈准备离开的那一刻，戈多出现了。但他并不是他们想象中的那个人，他只是一个迷失了方向的普通旅人。他们的等待最终得到了解答，但结果并不是他们预期的。

7. 有一天，一个陌生人出现，自称也在等待戈多。他加入了弗拉季米尔和爱斯特拉冈，带来了新的故事和思考。他们开始围绕着戈多的存在进行更深层次的探讨。

8. 一个小男孩出现，声称他是戈多的儿子。他告诉他们戈多已经去世，留下了许多未完成的事。弗拉季米尔和爱斯特拉冈开始思考，他们的等待是否有意义，他们是否可以开始自己的旅程。

9. 弗拉季米尔和爱斯特拉冈打算逃离这个等待的地方，去寻找新的生活。然而，他们发现自己不管走多远，总会回到那棵树下。这使他们对自己的存在和目的有了新的理解。

10. 弗拉季米尔和爱斯特拉冈决定给戈多写信，表达他们的期待和困惑。一段时间后，他们收到了回信，这封信上只有一个词，那就是"等待"。这让他们的等待充满了新的意义。

在 ChatGPT 续写的这些内容中，有相当一部分颇具启发意义。尽管《等待戈多》表面上是关于两个人在等待一个从未出现的人的故事，但它实际上是关于生活、存在、时间以及记忆的深刻探讨，而 ChatGPT 在输出的答案中很好地延续了这样的思考。由此，对 ChatGPT 续写故事的合理运用，将很可能为我们打开一系列全新思路。

4.2.2　给定特定主题

给定特定主题是通过 ChatGPT 汲取创意灵感的第二种可靠方法。

将提示词聚焦在一些特定的主题上，可以帮助 ChatGPT 把强大的搜索能力专注于明确的领域或概念。这能够防止 ChatGPT 在海量信息的无数可能性中迷失，从而使 ChatGPT 对特定主题的内容的挖掘更深入、更具体。比如下面这个例子。

> **输入问题：** 你是一位专业作家。我需要你为我的小说的男主角提供一些用于求婚的参考场景，请写 10 个这样主题的场景。

> **ChatGPT：** 好的，我很愿意帮忙！以下是 10 个用于求婚的浪漫场景。
>
> 1. 男主角在一个冬日的滑雪场开展了一场浪漫的求婚。在他们滑到山顶的时候，他指向山脚下的雪地，那里用鲜红色的玫瑰排成巨大的"我爱你"的字样，而他在这个时候向她求婚。这个场景的浪漫在于它的新奇和惊喜。山脚下的白雪、红色的玫瑰以及闪亮的戒指，都使这一刻充满了爱的氛围。
>
> 2. 男主角租下一个热气球和女主角一起乘坐，一路欣赏美丽的风景。当热气球升至最高点时，他拿出戒指，深情地向女主角求婚。这个场景的浪漫在于它的唯美和令人难忘。飞行在空中俯瞰壮丽的景色，更增强了这一刻的独特性。
>
> 3. 男主角预订了一家豪华高空餐厅的最佳位置，窗外的景色令人愉悦。在这个晚上，他精心策划了一场烛光晚餐，桌上摆满了女主角喜欢的菜肴，每道菜都代表了他们的美好记忆。在他们共享美食、相视而笑的时候，男主角端出了最后一道"甜点"——一个盛有戒指的精美甜品盒，然后他屈膝向女主角

求婚。这个场景的价值在于它的精致与浪漫，男主角的细心布置和戒指的出现都为这个求婚瞬间增添了戏剧性的浪漫。

4. 男主角带女主角来到她童年时常去的公园，他们一起玩耍，回忆童年的快乐。在女主角最熟悉的地方，男主角拿出戒指，向女主角求婚。这个场景的浪漫在于它唤起了女主角童年的美好回忆，同时也预示了他们未来同样美好的生活。

5. 男主角邀请女主角来到一座美丽的音乐厅，在这个空旷而精致的音乐厅里，他坐到钢琴前，弹奏起她最喜欢的曲子。然后，他从钢琴上拿出一个小盒子，里面是一枚戒指，并向她求婚。这个场景的浪漫在于音乐的魅力，男主角用他的演奏和求婚给女主角带来了一个难忘的夜晚。

6. 男主角在一场盛大的烟花秀后的那一刻，选择向女主角求婚。天空中五彩斑斓的烟花和周围人的欢呼声，为这个求婚场景增添了绚丽多彩的背景。男主角拿出戒指，深情地向女主角求婚。这个场景的浪漫在于其华丽的背景和激动人心的氛围，烟花秀的结束，象征着他们的新生活的开始。

7. 男主角为女主角准备了一个户外电影之夜，他们在星空下观看他们都喜欢的爱情电影。在最后的浪漫瞬间，屏幕上出现了他的求婚词，然后他取出戒指，向女主角求婚。这个场景的浪漫在于它的创意，通过这样独特的方式求婚，不仅体现了男主角的创新，也表达了他的深情。

8. 男主角策划了一场惊喜派对，邀请了女主角的家人和朋友。在派对最热闹的时刻，男主角在所有人的见证下，向女主角求婚。所有人的祝福和欢呼为这一刻营造了独特的氛围。这个场景的浪漫在于他的精心策划和家人朋友的见证，使这个求婚瞬间充满了爱和幸福。

9. 男主角为女主角搭建了一个充满童话元素的场景，有美丽的公主、英俊的王子，还有精致的古堡。在这个充满惊喜的场景中，他拿出戒指，向女主角求婚。这个场景的浪漫在于它让女主角感觉自己就像童话中的公主，等待着爱情的到来。

10. 男主角带着女主角去露营，他们在星空下的大自然里搭起帐篷。晚上，他们围着篝火分享故事，一起数星星。在这个温馨而宁静的夜晚，男主角从篝火边拿起一个小木箱并打开它，里面是一枚戒指。然后，他深情地向女主角求婚。这个场景的浪漫在于它的简单和真实，没有华丽的装饰和繁复的花样，只有真诚的爱意和星空下的誓言。

在提示词的引导下，ChatGPT 给出了一份适合多种类型剧情的求婚场景。在参考这些场景的细节后，我们就能为自己作品中的求婚场景添加更多细节，使之更加完善。

4.2.3　给定特定图画

给定一些特定的图画是通过 ChatGPT 汲取创意灵感的第三种方法。

能够传递不同于文字的信息和情感的图画，可以为写作提供情境、剧情等一系列灵感。通过分析图画中复杂的背景、角色、动作以及表情等要素，ChatGPT 可以在提示词的引导下探索如何将这些要素运用到我们的创作中。由此，我们将有机会写出情节更丰富、观点更新颖的作品。比如下面这个例子。

输入问题： 你是一位专业作家。我想以保罗·高更的名画《我们从何处来？我们是谁？我们向何处去？》为灵感写一篇文章，请为我提供 10 个写作想法。

🌀 **ChatGPT：** 好的，以下是以这幅名画为灵感的 10 个写作想法。

1. 通过将梦想作为文章主题，我们可以讲述一个在追逐梦想过程中个体如何思考和回答"我们从何处来？我们是谁？我们向何处去？"的故事。梦想是引领我们前进的力量，它可以帮助我们找到自我，指引我们前进的方向，并赋予生活更深的意义。在追逐梦想的过程中，我们找到了自我，理解了生命，我们不再只是活着，而是有了生活的目标和意义。我们可以通过讲述具体的个人故事，来激发读者的共鸣，鼓励他们去追寻自己的梦想，去找到自己的答案。

2. 我们可以从爱情的角度，讲述人们如何在爱情中找到自我，理解生命的意义，以及寻找未来的方向。爱情是生活中最强大的力量来源之一，它可以打动人心，让人们找到生命的价值。我们可以通过讲述不同的爱情故事，强调爱情的力量以及它对我们生活的影响，让读者看到爱情如何影响我们对生命的理解，以及如何影响我们的未来。

3. 我们可以探讨我们作为地球公民如何通过环保活动来体现对生命的尊

重和负责。这种探讨可以涵盖很多方面，如节约能源、植树造林等，从而引导读者深入思考我们的行为如何影响我们的环境，以及我们应该如何采取行动以改善和保护我们的生态环境。这将让读者意识到，对环境的尊重和保护，也是我们对生命的尊重和保护。

4. 我们可以讲述一个人在面对困难和挑战时，如何从中找到力量，找到生命的方向和目标。通过这个过程，我们可以看出，困难虽然让我们痛苦，但也让我们成长，让我们更加明白自己是谁，我们想要什么，我们将走向何处。我们可以分享一些真实的故事，展现在困难面前人们如何保持乐观，如何在困难中找到新的可能，如何从失败中吸取教训，从而鼓励读者在困难面前不放弃，保持坚忍不拔的精神。

5. 我们可以通过讲述公益活动的故事，让读者了解我们如何通过帮助他人来理解生命的价值，以及我们如何通过贡献自己的力量来改变世界。公益活动可以帮助我们实现自我价值，让我们的生活变得更有意义。我们可以分享一些精彩的真实案例，让读者看到每个人都有能力去帮助他人，去改变世界，从而鼓励大家去行动，去做出积极的改变。

6. 我们可以从科技的角度出发，探讨科技进步如何影响我们对于"我们从何处来？我们是谁？我们向何处去？"的理解。文章将以科技的进步为背景，阐述我们在这个科技快速发展的时代，如何理解和应对生命中的"我们从何处来？我们是谁？我们向何处去？"这三大问题。

7. 我们可以讲述时间如何改变我们对生命的看法，以及我们如何通过时间来理解生命的意义。随着时间的推移，我们迎来了自己的成长，收获了生活的智慧。我们可以讲述那些在时光流转中，人们如何发现自我，如何理解生命，如何找到方向的故事。这样的故事可以让读者意识到时间是最好的老师，我们应该珍惜时间，用它来丰富我们的生活，用它来塑造我们的未来。

8. 我们可以讲述创新思维如何帮助我们理解生命的价值，以及我们如何通过创新思维来寻找生活的方向。创新思维是推动我们进步的重要力量，它让我们不断突破自我，超越极限，创造出前所未有的价值。我们可以讲述一些成功创新者的故事，让读者看到他们如何通过创新思维解决问题，使世界变得更美好。这样的故事可以激发读者的创新思维，鼓励他们去挑战自我，去不断创新。

9. 我们可以讲述艺术如何帮助我们理解生命，以及我们如何通过艺术来寻找生活的方向。艺术是生活中的一种强大力量，它可以打动人心，让人们从中找到生命的价值和意义。我们可以分享一些艺术家的故事，讲述他们如何通过艺术创作来表达自我与解读生命。这样的故事可以让读者看到艺术的魅力，激发他们的艺术热情，鼓励他们去创作与表达，去感悟生命的奥秘。

10. 我们可以通过描绘日常生活中的小事件，让读者发现生活中的美好和快乐，进而对生命中的三大问题有新的理解。我们可以讲述人们如何在日常生活中发现和欣赏小确幸，如一个阳光明媚的早晨，一杯冒着热气的咖啡等。这些看似微小的事物，实际上构成了我们生活的主体，它们让我们明白，生活就在我们身边，我们应该珍惜眼前的每一个瞬间。

ChatGPT 给出了一份颇具启发意义的想法清单。当我们结合里面的某些想法来畅谈我们所擅长的领域或我们一直以来想表达的心声时，一篇内容饱满的作品或许就会水到渠成。

4.2.4 关键词组合

关键词组合是通过引导 ChatGPT 为写作提供灵感的第四种方法。

不同的关键词，代表着不同的主题、概念或领域。当我们将两个或多个看似不相关的关键词拼在一起时，就有可能产生新的火花。通过将不同的关键词写进提示词中，我们能引导 ChatGPT 探索非凡的创意路径，从而为我们的作品注入戏剧性和新意。比如下面这个例子。

> **输入问题：**你是一位人力资源管理专家。我想写一篇职场励志文章，请介绍一下，那些非名校毕业、却能加入优秀互联网公司的人，都有哪 10 种特质。

> ⑤ **ChatGPT：**好的，非名校毕业却能够成功地加入优秀互联网公司的人，通常具备以下 10 种特质。

1. 团队协作能力：互联网行业的工作往往需要团队的协作才能完成，良好的团队协作能力是被互联网公司高度重视的。他们通常具有更为丰富和多样化的社交经历和团队经验，懂得如何与他人协作，理解团队中每个角色的价值，能够为团队的目标付出努力。他们不仅懂得明确自身的职责，也愿意帮助团队成员解决问题，共同完成任务。他们对于团队精神的理解和对团队目标的坚持，使他们在团队协作中能够有很好的表现。

2. 解决问题的能力：他们通常具有很强的解决问题的能力，能够独立思考，分析问题，找出问题的关键，并提出有效的解决方案。这种能力使他们能够在面对复杂和多变的工作环境时，快速适应并找到解决问题的方法。他们这种解决问题的能力，源于他们对问题的敏感性，对情境的理解力，对策略的选择能力，以及对解决方案的实施能力。

3. 自我驱动力：他们通常具有强烈的自我驱动力。这种自我驱动力使他们能够在学习和工作中自我激励，寻找和抓住发展的机会。在职业发展过程中，他们可能没有像名校毕业生那般优秀的教育背景，这使他们或许要付出更多的努力和时间去证明自己。强大的自我驱动力，使他们能够在困难和挑战面前保持积极的态度，不断寻求和抓住成长的机会。无论是在求学还是在工作中，他们都表现出对于知识和技能的无止境追求，以及勇于实现目标的坚定决心。

4. 专业技能：他们通常拥有一项或多项扎实的专业技能，这些技能可以是编程语言、财务分析、项目管理等，这些技能可以直接应用于工作中。尽管他们可能在学习环境和资源上相比名校毕业生稍有不足，但他们能通过自我学习和实践，掌握并精通这些专业技能。这些专业技能的掌握，不仅证明了他们的学习能力和专业知识，同时也反映了他们的职业素养和敬业精神。这些专业技能使他们在求职市场上更有竞争力，也使他们在工作中更能胜任各种任务，为企业创造价值。

5. 环境适应能力：他们通常具有较强的环境适应能力，能够快速适应新的工作环境、工作模式和任务要求。在互联网行业中，技术发展迅速，市场环境和消费者需求不断变化，因此较强的环境适应能力成了每位职场人士必须具备的能力。而他们在经历了多元化的学习环境和挑战之后，通常能更快地适应变化，更具有灵活性和开放性。他们愿意接受新事物，乐于挑战，能够迅速从失败和错误中学习和反思，然后适应和应对新的环境和要求。

6. 创新思维能力：他们通常具有独立和创新的思维。他们愿意尝试新的方法和思路，不怕失败，勇于挑战既定规则和常规思维。这种创新思维使他们在面对问题和挑战时，能够找到独特和有效的解决方案，为公司带来新的可能性和机会。在互联网行业，这种创新和独立的思维方式，能够使他们在不断变化的环境中积极寻求和抓住机会，推动公司的创新和发展。

7. 学习能力：他们通常具有很强的学习能力，能够快速掌握新的知识和技能。在互联网行业，新的需求和问题不断出现，强大的学习能力可以使他们始终保持竞争力。他们能够认真学习，积极寻找和利用资源，迅速掌握新的知识和技能，不断提升自身的竞争力。

8. 沟通能力：他们通常具有良好的沟通能力，能够清晰地表达自己的观点和需求，同时也能够理解和尊重他人的观点和需求。在工作中，他们能够有效地与团队成员、领导、客户进行沟通，协调各方的需求和预期，推动工作的顺利进行。他们的这种沟通能力，来自他们的语言表达能力、情境理解能力、人际交往能力以及他们的同理心。这使他们能够在工作和人际交往中建立良好的关系，提升团队的凝聚力和效率。

9. 强烈的责任心：他们通常具有强烈的责任心，对于工作的态度非常严谨，对于任务的完成标准很高。他们在完成工作时，能够认真负责，对于工作结果有细致的要求，这使他们在工作中能够出色地完成任务，为企业创造价值。他们的这种责任心，源于他们的职业道德，源于他们对工作的热爱以及对自己职业发展的期待。

10. 坚忍的意志：他们通常具有坚忍的意志，能够在困难和挫折面前坚持下去，不轻易放弃。他们在此前的学习和求职过程中可能会遇到困难和挫折，这种经历使他们更为坚忍，更具有抵抗压力的能力。他们这种坚忍的意志，让他们在遇到问题和困难时能够坚持下去，找到解决问题的方法，这在互联网行业中是非常宝贵的品质。

当"非名校毕业"和"优秀互联网公司"等关键词组合在一起后，ChatGPT将在提示词的引导下致力于探索有趣现象背后的原因。只要我们能仔细参考ChatGPT为我们给出的那些重要特质，我们就完全可以写出一篇观点鲜明、鼓舞人心的职场励志文章。

📝 4.2.5　构建世界

在一定程度上构建出特定的世界是通过ChatGPT汲取创意灵感的第五种方法。

构建特定的世界为作品提供了独特的背景和环境。通过设定有鲜明特色的世界，我们可以让ChatGPT为我们想象出与现实世界有所不同的细节。在ChatGPT另辟蹊径的思维模式的帮助下，我们更有可能创造出新颖、独特以及有趣的故事。

此外，在特定的世界中，ChatGPT也可以在提示词的引导下，塑造各种各样的事物，赋予其特殊的外表、能力，这也能为我们的创作提供丰富的素材和可能性。比如下面这个例子。

> **输入问题：** 你是一位科普作家。现在有一个重力只有地球十分之一的世界，请为我描述一下这个世界中的10件趣事。

> ⑤ **ChatGPT：** 好的，以下是10件重力只有地球十分之一的世界的趣事。
>
> 1. 在这个重力只有地球十分之一的世界上，篮球比赛的规则发生了相当大的改变。重力的减小使球员们可以实现远超常人的跳跃，甚至可以在半空中停留片刻进行灵活的假动作。投篮的弧度和力度需要重新计算，弹跳、运球甚至撞击的规则都发生了改变，这让篮球比赛成了空中动作非常多的极具观赏性的运动。
>
> 2. 在这个世界中，建筑的设计几乎不受重力的限制，建筑师们可以尽情挥洒他们的想象力。比如，他们可以建造几乎触及天空的超高建筑。而且，由于重力的减小，建筑材料的选择也更为丰富，这使建筑的外观可以更加多变。
>
> 3. 轻微的重力使人们不再受限于地面，人们创造了一种个人悬浮板，它可以载人在空中飞翔。这使出行方式发生了巨大变化，通勤、旅行的方式和时间都因此发生了变化。空中交通的普及，使城市的立体化发展成为可能。因此，独特的交通方式塑造了全新的城市景象。

4. 在轻重力世界，热气球变得更加实用和普遍。它们不再仅仅用于旅游观光，而是成了这个世界上非常重要的交通工具之一。由于重力的减小，热气球可以载着人们更快、更高、更远地飞行，人们可以在热气球上欣赏壮丽的景色，甚至进行长距离的旅行。

5. 轻重力世界为舞蹈家们提供了一个全新的创作平台。在这里，他们可以轻易地在空中旋转与跳跃，实现各种超高难度的舞蹈动作。

6. 动物的生活方式在这个轻重力的世界也发生了巨大的变化。那些原本无法飞翔的动物，现在只需要轻轻一跳就可以在空中滑翔很远。原本只能在地面活动的动物也开始尝试和探索空中的生活。

7. 轻重力世界为物理学家们提供了很有趣的实验场地。物理学家们在这个环境中可以进行各种充满创意的实验。例如，他们可以研究重力对物体运动轨迹的影响、流体的运动规律，甚至可以重新探索广义相对论等理论。

8. 在轻重力世界，厨艺也因为重力的减小而有了新的变化。比如，在烹煮液体时，煮沸的温度会改变；在烘焙面点时，面团的发酵也会受到影响。厨师们通过探索和试验，可以创造出一种全新的料理方法。

9. 轻重力世界的儿童游乐设施也变得更加有趣。滑梯、旋转木马、蹦蹦床等游乐设施都因为重力的减小而变得更富有娱乐性。孩子们可以在空中做各种各样的动作，享受飞翔般的乐趣，这使儿童游乐园成为这个世界上最受欢迎的娱乐场所之一。

10. 这个世界的音乐也因为轻重力的影响而变得富有特色。由于重力的减小，声音的传播速度发生了变化，人们听到的声音会有所不同。音乐家们利用这个特点创作出风格空灵而多变的音乐，这些音乐充满了轻盈和飘逸的感觉。人们在听到这些音乐时，仿佛置身于天空之中。

在提示词的引导下，ChatGPT给出的不少设想都是别出心裁而又有理有据的。无论是创作小说还是撰写创意文案，我们都完全可以仔细探索ChatGPT为我们带来的特定世界，从中汲取源源不断的灵感。

4.2.6　借助日常现象

借助日常现象是写作者通过引导 ChatGPT 为自己提供灵感的第六种方法。

汲取创意灵感，既要能够"飞龙在天"，也要能够"脚踏实地"。除了令人脑洞大开的新奇场景以外，平凡生活里的日常现象也同样值得被当作激发灵感的重要源泉。

日常现象是我们生活的真实反映，它是我们接触得最多的事物。大到科技发展，小到人间烟火，都可以在日常生活中寻得踪影。由此，日常现象提供了丰富的创作素材。通过从日常现象中观察人们的行为和心理，我们可以创作既具有普遍性又充满个性的表达。

当然，这就需要我们善用 ChatGPT 对日常现象进行创新处理和艺术提炼。在 ChatGPT 助力我们找到灵感后，我们就可能在平凡的事物中发掘非凡的价值。比如下面这个例子。

> **输入问题：** 你是一位新媒体写作专家。我是一位经济学家，想写一些教大家用经济学知识改善生活的新媒体文章。请介绍一下，大家会在哪 10 个场景里尤其渴望经济学知识的力量。

⑤ ChatGPT： 好的，我认为以下 10 个场景中，人们尤其渴望经济学知识的力量。

1. 孩子的教育投资决策：经济学原理可以指导我们如何为孩子的教育做出投资。通过理解教育的回报率，我们可以为孩子选择适合的教育路径。同时，理解市场供求原理，我们可以预测哪些技能和知识在未来可能更有需求，从而为孩子的教育投资做出更明智的决策。此外，理解贴现率和未来价值的经济学原理后，我们可以更好地评估教育投资的长期回报。

2. 创业决策：对于有创业梦想的人来说，经济学知识可以提供关于市场运作、供求关系、竞争策略等方面的指导。它可以帮助创业者更好地理解市场环境，预测市场趋势，识别潜在的商业机会。比如，运用经济学知识分析产品或服务的价格弹性，创业者可以更合理地定价。此外，经济学中的规模经济和范围经济原理，可以指导创业者在扩张业务时尽量做出最优决策。

3. 环保活动决策：在环保问题上，经济学知识的作用也不容忽视。通过对公共物品理论和外部性理论的理解，我们可以更深刻地理解环保问题的本质，从而为环保活动提供更有力的理论支持。此外，经济学知识还可以帮助我们理解环保行动的经济效益，从而更好地推动环保政策的实施。

4. 医疗健康决策：在面对关于医疗健康的决策时，经济学知识可以为我们提供很多帮助。我们可以运用经济学的成本效益分析，对各种医疗方案进行评估，从而选择较为符合自身健康需求和经济条件的医疗方案。同时，理解健康保险的经济学原理，我们可以更好地选择相关产品，避免无谓的经济损失。

5. 职业规划决策：在面对就业市场的挑战时，经济学知识可以提供很好的指导。对于劳动力市场的理解，可以帮助我们选择更有市场需求的领域。比如，我们可以通过了解劳动力市场的供求关系，来判断哪些行业有更大的用人需求。同时，经济学中的人力资本理论也可以帮助我们理解为何在提升自身技能和学历上投入时间和精力是很有必要的。

6. 消费决策：我们生活在一个充满各种商品和服务的社会，消费决策已经成为我们生活中不可或缺的一部分。经济学知识可以帮助我们理解市场供求关系，从而更好地把握商品价格的变化规律。此外，经济学中的边际效应递减原理，可以帮助我们在满足基本需求之后，更理性地进行消费决策，避免盲目消费，从而更好地提升生活质量。

7. 休闲娱乐决策：在休闲与娱乐的决策中，经济学可以提供很有价值的视角。机会成本的概念可以帮助我们评估各种休闲活动的实际成本，包括时间和金钱的投入等。此外，通过理解边际效用递减的原理，我们可以更合理地分配自己的休闲时间，以确保我们获得最大的收益。

8. 饮食决策：在饮食决策中，经济学的知识也可以发挥作用。通过理解供求原理，我们可以预测食品价格的变化，从而合理规划我们的饮食支出。同时，通过理解效用最大化原理，我们可以更加理性地选择食物，平衡口感和营养，从而更好地保护我们的健康。

9. 家庭决策：在家庭生活中，我们也会面临各种决策问题，如选择购买汽车还是乘坐地铁等。这些决策往往涉及多元的成本分析和复杂的收益预期。在这个过程中，经济学知识可以帮助我们更全面、更深入地理解这些问题，从而做出更明智的决策。

　　10. 旅游决策：在计划旅行时，我们也可以运用经济学原理。在了解供需原理后，我们可以选择在旅游淡季出行，以获得更低的价格。同时，通过理解预算约束和效用最大化的原理，我们可以更好地规划我们的旅行计划，以获得最大化的收益。

　　我们发现，在 ChatGPT 的帮助下，即使是常年深居简出的学者，也能够清晰地了解大家关心哪些经济学应用领域的议题，从而有的放矢地写出受到大家高度关注的文章。

4.3 | 打造吸睛标题的6种方法

　　怎样撰写让人看一眼就忍不住想点击的精彩标题？在构思标题的过程中，又有哪些一定要避免的错误？在本节中，我们将通过了解光环效应法、稀缺法、言为心声法、引发好奇法、缓解畏惧法以及数字法这 6 种打造吸睛标题的方法，真正掌握借助 ChatGPT 的力量撰写标题的诀窍。

4.3.1　光环效应法

　　与构思提纲、寻觅灵感同样重要的写作基本功，还有撰写标题。

　　如同全球知名创意人——奥美创立者大卫·奥格威（David Ogilvy）所说，"读标题的人平均为读正文的人的 5 倍"。标题是写作者传递信息的第一站，是决定读者点击进去阅读全文的关键因素。一个吸引人的标题可以激发读者的好奇心，引导他们深入阅读全文；反之，一个失败的标题往往会让读者对文章迅速失去兴趣。

　　在打造吸睛标题的过程中，我们务必要关注的重点，就是千万不能做"标题党"。一些写作者本着"怎么吸引眼球怎么来"的理念，炮制出一个个语不惊人死不休的标题，让读者失望一次、两次、三次之后，他运营的个人或企业新媒体账号，就会被大家归入"标题党"的心智定位，从此再难翻身。

标题应该"写出彩"，而不应该"博出位"。文不对题的标题，哪怕看上去再吸引人，也是失败的标题。

因此，只有将构思标题与规划文章大致内容当作一个整体项目来实施，才能真正做到持续提升自身的写作基本功。

接下来我们将通过分析六种可以结合 ChatGPT 的力量撰写标题的方法，来建立自身更坚实的创作基础。

光环效应法是通过 ChatGPT 打造吸睛标题的第一种方法。

闻名于世的人物、企业、书籍、电影等，都具有良好的口碑和广泛的影响力。当我们在标题中以合理的方式加入这些自带光环的关键词后，我们文章的内容，就在相当程度上获得了可信度和权威性的提升，因而更容易被读者认可与阅读。比如下面这个例子。

输入问题： 你是一位新媒体写作专家。我是经管领域的写作者，想写一些文章让大家学习马斯克所推崇的第一性原理的运用方法，从而帮助大家赢得更广阔的事业发展空间。请为我聚焦于这些话题的文章列举 10 个标题，并分别简述每个标题对应的正文的大致内容。

---

⑤ ChatGPT：1.《向马斯克学创新思维：如何借助第一性原理寻找灵感源泉》：本文将介绍第一性原理在创新思维中的重要性，并提供一些技巧和方法来寻找工作中的创意源泉。我们将分享一些实用的案例和策略，帮助读者激发创新思维，优化工作流程，提高创新能力。

2.《马斯克式思维：如何靠第一性原理开启职业新篇章》：本文将从马斯克的成功经验出发，介绍如何通过第一性原理思维来开启自己的职业新篇章。我们将阐述第一性原理的概念和应用，并提供实用的方法和技巧，帮助读者在职场中更加深入地思考和开拓创新的视角。

3.《从学习第一性原理到成为卓越管理者：马斯克和他的成功之路》：本文以马斯克的成功之路为例，探讨如何通过运用第一性原理思维成为卓越的管理者。我们将详细介绍马斯克的成功案例，并分析其为何能在多个领域取得显著成就。同时，我们会分享如何在自己的职业生涯中运用马斯克式思维成为卓越管理者的方法和策略。

4.《马斯克的火箭设计秘诀：如何以第一性原理提升执行效率》：本文将以马斯克在SpaceX公司中的案例为例，探讨如何运用第一性原理思维来提高工作效率和执行力。我们将介绍马斯克是如何利用第一性原理的方法来设计火箭的，并分享一些实用的技巧和方法，帮助读者更好地将这种思维方式应用于自己的工作中。

5.《从第一性原理看产品创新：如何像马斯克一样打造突破性产品》：本文将以特斯拉等公司为例，探讨如何通过运用第一性原理思维打造突破性产品。我们将介绍如何运用第一性原理思维分析市场需求和产品痛点，并分享一些实用的方法和策略，帮助读者打造出具有独特竞争优势的创新产品。

6.《如何以马斯克的第一性原理引领创业新思路》：本文将围绕第一性原理思维在创业过程中的应用，探讨如何使创业更具逻辑性和系统性。我们将介绍如何利用第一性原理方法分析市场和行业趋势，并提供实用的方法和工具，帮助创业者更好地规划创业路线。

7.《马斯克的领导力秘诀：如何引领团队走向巨大的成功》：本文将介绍马斯克式领导力的概念和应用，探讨如何通过运用第一性原理思维来引领团队走向巨大的成功。我们将分享一些实用的方法和策略，帮助领导者激发团队的创造力和想象力，并带领整个企业向前发展。

8.《决策的艺术：如何用第一性原理帮你做出更好的职业选择》：本文将从第一性原理思维角度出发，探讨如何在职业选择过程中运用科学的方法来做出更加合理的决策。我们将介绍如何利用第一性原理分析问题，并提供实用的决策辅助工具和技巧，帮助读者更好地做出职业决策。

9.《马斯克战略制定之道：如何制定有效的战略规划》：本文将以马斯克的公司案例为例，介绍如何运用马斯克式思维来制定有效的企业战略。我们将分享一些实用的战略规划方法和策略，并提供一些战略落地的经验和技巧，帮助企业更好地实现战略目标。

10.《精准沟通的秘密：借助马斯克的第一性原理，提升你的交流技巧》：本文将介绍如何通过运用第一性原理思维来提升沟通技巧，让读者更好地与他人交流。我们将分享一些实用的沟通技巧和方法，帮助读者更有效地表达自己的想法和观点，并建立更好的人际关系。

在 ChatGPT 关键词的建议下，这些文章将因为标题的光环效应而受到读者的更多关注。只要写作者能在这些文章中分享与标题紧密关联的"干货"内容，这些文章就很可能在互联网上好评如潮。

4.3.2 稀缺法

稀缺法是通过 ChatGPT 打造吸睛标题的第二种方法。

在信息冗余的今天，人们面临着大量的信息和选择，这使得大家对于新鲜事物和独特体验的需求越来越旺盛。稀缺法恰好能够满足这种需求。通过强调某些特定的稀缺性，我们可以让读者感到我们这篇文章的内容是高价值的、珍贵的，从而引起大家的兴趣与关注。比如下面这个例子。

输入问题： 你是一位新媒体写作专家。我是母婴领域的写作者，想写一些关于培养孩子各方面技能的文章，请为我列举 10 个标题。要求标题强调文章价值的稀缺性，并分别简述每个标题对应的正文的大致内容。

⑤ ChatGPT：1.《限定分享：如何与你的孩子建立强大的亲子连接？》：本文将深入探讨如何建立和保持与孩子之间的亲子连接，这不仅能促进孩子的身心健康发展，还能培养他们的社会技能。文章将分享一些专家验证过的方法，如积极的身体接触、共享活动、共享情绪等，并解释这些方法为何能有效加强亲子连接。

2.《独家解密：科学辅食添加时间表，别再走弯路了》：该文章将详细介绍科学添加辅食的时间表，并从营养学和消化生理学的角度出发，解释为什么这样添加辅食才能满足和适应宝宝的营养需求和消化能力。此外，文章也会介绍

一些常见的误区，比如，过早添加辅食或者添加顺序不当等，并提供科学的
建议。

3.《五大独家秘籍，助你轻松赢在母乳喂养的起跑线上》：本文将分享五
个关于母乳喂养的独家秘籍，这五大秘籍包括妈妈的饮食习惯、喂奶的时间、
喂奶的姿势、避免乳房疼痛的技巧以及提高乳汁产量的方法。这些都是在母乳
喂养过程中，妈妈们必须知道和掌握的知识。只有正确的方法，才能让母乳喂
养变得轻松愉快。

4.《提高宝宝睡眠质量的秘诀：独家揭秘五大助眠法》：许多父母都面临宝
宝睡眠问题，本文将详细介绍五大助眠法，包括白噪声、安抚物、温馨的环境、
定时定点、适当地熬夜等，这些都是经过专家验证，可以有效提高宝宝睡眠质
量的好方法。文章的每个部分都将深入探讨每种方法的运用技巧和效果，并且
提供详细的步骤，让父母们在家中就能够轻松实施。

5.《训练幼儿良好餐桌礼仪的三大策略》：这篇文章将探讨如何从幼年开
始培养孩子的餐桌礼仪，并提供给家长们三大策略，包括引导式教学、角色扮
演以及以身作则等。每一种策略都会用生动的例子进行详细解析，并给出具体
操作步骤。该文章旨在帮助家长们理解训练幼儿良好餐桌礼仪的重要性，并提
供具体而易于操作的方法，使孩子在餐桌上的行为更加得体。

6.《提升孩子阅读兴趣的五大妙招》：学会高效阅读是孩子个人发展中的
重中之重，但是如何激发孩子的阅读兴趣呢？本文将分享五大妙招，包括为孩
子建立阅读角、共享阅读时间、选择适合孩子阅读能力的书籍、创建良好的阅
读环境以及以身作则等。每一种方法都将配以详细的实施步骤和案例，让父母
们在家中就能够轻松实施，从而有效提升孩子的阅读兴趣。

7.《如何在日常生活中激发孩子的创新精神？》：创新能力是 21 世纪最重
要的能力之一，那么，如何在日常生活中激发孩子的创新精神？本文将分享一
些独家秘籍，包括如何创建培养创新精神的环境、如何引导孩子提出问题和解
决问题、如何通过玩耍和游戏激发孩子的创新精神等。这些秘籍都经过了专家
的反复实践和验证，可以帮助父母更好地引导孩子激发他们的创新精神，为他
们的未来打下坚实的基础。

8.《千万别忽视！让孩子自信的秘诀是什么？》：自信是每个人都需要的重

要品质，而孩子的自信更是需要从小就开始培养。本文将分享一些培养孩子自信的秘诀，包括如何适度表扬、如何树立良好的榜样、如何引导孩子自我认知等。这些秘诀都是经过专家反复实践和研究的，可以帮助父母更好地引导孩子，使他们从小就具有自信的心态，更好地面对生活中的挑战。

9.《珍贵技巧：如何引导孩子良好的社交行为？》：良好的社交行为对孩子的成长和未来的生活至关重要。但如何引导孩子良好的社交行为呢？本文将分享一些珍贵的引导技巧，包括如何评定良好的社交行为、如何引导孩子理解他人的感受、如何教授孩子解决冲突的技巧等。这些技巧都经过了专家经年累月的实践，可以帮助父母更好地引导孩子，使孩子在社交中能够展现出良好的行为举止，更好地融入社会。

10.《私藏技巧：如何以游戏的方式教育孩子？》：许多家长都知道游戏在儿童教育中扮演着重要角色，但如何将教育融入游戏，这是一门需要深入研究的学问。本文将分享一些专家的心得，包括如何选择教育性的游戏、如何在游戏中引导孩子学习、如何利用游戏提高孩子的社交技能等。这些游戏的方式不仅能让孩子在玩乐中学习，还能提高他们对学习的兴趣，帮助他们在未来的学习生涯中取得更大的成功。

在结合了 ChatGPT 对于稀缺优质内容的搜索能力后，我们就可以增加文章的信息含量，从而提升读者对文章的兴趣，使文章中的"干货"内容惠及更多读者。

4.3.3 言为心声法

言为心声法是通过 ChatGPT 打造吸睛标题的第三种方法。

将读者的共同心声以一种直抒胸臆的方式写进标题，也是一种卓有成效的标题撰写方式。当读者看到这样的标题后，会感觉到写作者真正理解他们、关心他们，了解他们的需求与困惑。由此，这样的标题可以提升读者对文章的好感，进一步提升读者的阅读意愿。

不仅如此，一个能传达读者心声的标题，往往还可以引发读者的强烈共鸣，这将更有可能激发读者将文章分享到各类数字渠道，从而提高文章的传播范围和影响力。比如下面这个例子。

输入问题： 你是一位新媒体写作专家。我是职场领域的写作者，想为性格内向的读者群体，写一些论证为什么越内向的人越能获得多个领域成功的文章。请为我列举 10 个能用事实替性格内向群体发声的标题，并分别简述每个标题对应的正文的大致内容。

ChatGPT: 1.《为什么越内向的人越善于沟通》：这篇文章将对内向者在沟通上的潜力进行深入探讨。文章首先会剖析内向者的倾听能力和深度思考能力，阐述这些特点如何帮助他们更深入地理解对方的想法和需求，从而进行更有效的沟通。接着，我们将引入一些研究，证明内向者在团队协作和沟通能力方面具有一定的优势。

2.《为什么越内向的人越能进行深入研究》：这篇文章将探索内向者在深入研究和学习新知识方面的优势。我们会分析内向者的专注力、耐心、对细节的关注以及善于深度思考的特点，论述这些特点如何使他们在研究和学习新知识时更有优势。接着，我们会通过一些具体的研究案例，展示内向者在深度研究中的出色表现。

3.《为什么越内向的人越能管理好时间》：这篇文章将深入探讨内向者在时间管理方面的优势。我们会从内向者的性格特质出发，分析他们的自我驱动、专注力较高和追求效率的特点，论述他们如何通过这些特点更好地管理时间。然后，我们将通过一些具体的案例，展示内向者如何成功地进行时间管理，并从中获得事业和生活的丰收。

4.《为什么越内向的人越能持续自我提升》：本文将探讨内向者在自我提升方面的优势。我们将分析内向者的自省、深度思考以及专注力持久等特点，探讨他们如何利用这些特性进行持续的自我提升。接着，我们将通过一些真实的案例，展示内向者如何通过自我提升实现自身职业生涯的飞跃。

5.《为什么越内向的人越具有创新能力》：这篇文章主要围绕内向者在创新能力方面的优势进行论述。文章会从心理学的角度阐述内向者的性格特点，包括他们对环境的敏感性、喜欢独处和独立思考的特质。然后，我们会结合具体的案例，展示内向者是如何通过他们的独特视角和深度思考力，推动各行各业的创新的。

6.《为什么越内向的人越能高效决策》：这篇文章主要探讨内向者在决策过程中的理性优势。文章会分析内向者在思考问题时更倾向于深度分析和细致考虑的性格特质，以及他们更愿意听取不同意见，不被情绪所左右，从而做出更加高效的决策。接着，我们会通过一些具体的案例和数据研究，来证明内向者在处理复杂问题，尤其是需要长期规划和深思熟虑的问题时更具优势。

7.《为什么越内向的人越能长期坚持》：这篇文章将围绕内向者在坚持方面的特点进行深入阐述。文章会从心理学角度出发，分析内向者的专注力、耐心和对于细节的关注，论述这些特点如何帮助他们在长期目标的实现上更有优势。接着，我们会通过具体的案例和研究，论证内向者在坚定追求目标方面的非凡能力。

8.《为什么越内向的人越能在职场建立深厚人脉》：本文将探索性格内向的人在建立人际关系方面的优势。我们将分析性格内向者的特质，这包括他们的倾听能力、深度对话的倾向以及对建立真诚关系的重视等，并探讨这些特质如何帮助他们在职场中建立深厚的人脉。接着，我们将通过一些实际案例，展示内向者如何成功地运用他们的特质来拓展与维护人际关系。

9.《为什么越内向的人越能在管理岗位上胜任》：本文将探索内向者在管理岗位上的优势。文章将分析内向者的特性，如他们的倾听能力、思考深度以及冷静的决策能力，以解释他们在管理岗位上的高胜任程度。接着，我们将通过现实生活中的案例来说明内向者如何成功地运用他们的特质来领导团队。

10.《为什么越内向的人越能在压力下保持冷静》：本文将探索内向者在压力下保持冷静的优势。文章会分析内向者的特性，如他们时常内省、会进行深度思考以及情绪稳定等，论述这些如何帮助他们在压力环境下保持冷静。接着，我们将引用一些实际案例，说明内向者如何成功地运用他们的特质来应对压力。

在提示词的引导下，ChatGPT准确运用了自身的自然语言智能分析技术，为我们撰写文章带来了直抵人心的标题，以及与标题匹配的论据。在标题与正文风格统一的论述下，我们的文章将真正做到引发读者的共鸣，传递逻辑严谨的新知。

4.3.4　引发好奇法

引发好奇法是通过ChatGPT打造吸睛标题的第四种方法。

好奇是人类的本能，人们总是对未知事物充满好奇，渴望去探索和发现隐藏在它背后的秘密。在从众多文章中选择阅读对象时，读者会更倾向于阅读那些能够激发自己好奇心的文章。用引发好奇法撰写标题，可以促使读者去探索未知的领域，寻找新的知识和体验。在此过程中，读者也会对文章留下更深的印象。比如下面这个例子。

> **输入问题：** 你是一位新媒体写作专家。我是一家知名跑车公司的企业新媒体账号的运营者，想写一些揭秘我们公司新推出的新能源跑车究竟有多神奇的文章。请用引发好奇法撰写10个标题，并分别简述每个标题对应的正文的大致内容。

> **ChatGPT：** 1.《新能源跑车的节能秘密：它是如何做到既快又节能的？》：这篇文章将揭露这款新能源跑车在节能技术方面的突破。在深入了解其独特的能源系统设计、优化的动力管理策略以及其他节能技术后，读者将看到，这款新能源跑车是如何在提供高性能体验的同时确保其节能环保特性的。
>
> 2.《新能源跑车背后的神奇力量：谁在推动知名跑车公司的绿色革新？》：这篇文章将深入研究并揭示这款新能源跑车背后的神奇力量。哪些市场趋势、环保政策或是科技创新潮流在背后推动着知名跑车公司走向这场绿色革新。通过阅读本文，读者将深度理解这款新能源跑车在汽车市场中的影响力及公司未来产品的升级方向。
>
> 3.《超越想象：新能源跑车的速度和性能到底可以有多强？》：在本文中，我们将对比新能源跑车与传统跑车的性能差异，通过数据分析，带领读者了解这款新能源跑车在速度和性能上的惊人之处。文章将研究并探索这款新能源跑车的性能上限，呈现这款新能源跑车在速度和性能上的潜力。
>
> 4.《新能源跑车的独特魅力：为什么越来越多的人被它所吸引？》：这篇文章将深入探讨这款新能源跑车为何能够吸引越来越多的消费者。文章将从环保属性、科技创新、设计美学等角度出发，揭示这款新能源跑车的独特魅力。读

者将通过本文了解这款新能源跑车所具备的珍贵价值。

5.《新能源跑车的制造工艺：神秘的生产线背后隐藏了哪些尖端技术？》：本文将带领读者了解这款新能源跑车的制造过程及其背后的尖端技术。从最初的设计到最终的生产，文章将揭示这款新能源跑车如何通过科技创新和精细工艺，为行业带来全新的启发。

6.《新能源跑车的绿色未来：我们将会与它一起驶向何方？》：这篇文章将探讨新能源跑车的未来趋势，将这款新能源跑车的发展放在更广阔的社会环境中进行思考。读者将从本文中了解新能源跑车未来的发展方向，以及这个行业将如何塑造我们未来的出行方式。

7.《电力革新：新能源跑车为何能实现对汽车行业的颠覆性变革？》：本文将分析这款新能源跑车如何通过技术创新和商业模式升级，实现对汽车行业的颠覆性变革。文章将详细探讨这款新能源跑车的各种突破性特性，以及这些特性将如何为汽车行业带来改变。

8.《走近新能源跑车：让我们一起揭秘其背后的科技魅力》：本文将详细展示这款新能源跑车背后的科技元素。通过深入分析这款新能源跑车的电池技术、动力系统、驾驶辅助系统等方面的技术特点，读者将在阅读本文后更深入地理解这款新能源跑车的科技魅力。

9.《环保与速度的交锋：新能源跑车是如何实现双赢的？》：本文将阐述这款新能源跑车是如何在追求环保与速度之间找到平衡的。通过深入分析这款新能源跑车的独特设计理念、先进动力系统以及高效的能源管理系统，读者将了解这款新能源跑车是如何实现环保与性能双赢的。

10.《新能源跑车的设计奥秘：科技与美学的完美融合是如何实现的？》：这篇文章将揭示这款新能源跑车背后的设计理念和设计过程，包括科技与美学如何融合，如何在设计中平衡这两者等。读者将从中了解到这款新能源跑车的设计思路，并感受到这款新能源跑车独特的美学魅力和科技感。

从绿色出行到工艺美学，再到尖端技术，我们发现，ChatGPT 为我们的创作带来了一系列出色的标题撰写的灵感，从而帮助我们建立了更牢固的创作基础。被这些标题吸引并点开文章链接的读者，在阅读了数据翔实、观点新颖的文章后，将对文章中所描述的产品予以更深的认可与信任。

4.3.5　缓解畏惧法

缓解畏惧法是通过 ChatGPT 打造吸睛标题的第五种方法。

无论是在学习、生活还是在工作中，我们每个人都不可避免地会有种种疑虑和担忧。通过采用缓解畏惧法撰写标题以及与标题相匹配的文章内容，写作者能够针对特定读者群体的畏惧点，凭借自己的专业知识减少读者的担忧，在情感上和读者建立起深层联系，从而提高文章的美誉度和影响力。比如下面这个例子。

> **输入问题：** 你是一位新媒体写作专家。我是一位曾工作于知名医院的眼科医生，想在新媒体平台上写一些提醒大家关注眼科疾病的严重危害性，并给出帮助大家预防各类眼科疾病的"干货"内容的文章。请用缓解畏惧法为我列举 10 个标题，并分别简述每个标题对应的正文的大致内容。

> ⑤ ChatGPT：1.《跟视力疲劳说再见：五种简单有效的方法让你的眼睛得到休息》：本文将针对工作压力大、用眼疲劳的读者，提供五种简单有效的眼部放松方法。这些方法可以帮助读者预防和缓解视力疲劳，让眼睛在紧张的工作之余得到充分休息。
>
> 2.《教你远离眼病：全面了解并预防眼病的发生》：本文将针对眼病的发病机制、症状、预防措施等进行深入探讨，并提供五种有效预防眼病的方法。文章的目标是帮助患者深入了解眼病的危害，消除对眼病的恐惧，提升眼部健康管理水平。
>
> 3.《年轻人也会有眼病：深入了解青少年眼病的五大预防策略》：本文将详细探讨青少年常见眼病的成因、症状和预防方法，并提出五大预防策略。文章旨在帮助年轻人和家长了解并积极预防青少年眼病，使广大年轻人的眼睛都能受到保护。
>
> 4.《从源头防治干眼症：深度解析五种有效预防干眼症的方法》：本文将从源头出发，详解干眼症的成因，再逐一介绍五种有效预防干眼症的方法，包括生活习惯调整、饮食指导等。通过这些内容，我们希望帮助读者更好地理解干

眼症，并科学地预防和应对，从而减少由此带来的生活负担和不便。同时，本文还会涉及干眼症的更多科普知识，进一步增强读者对干眼症的认知，帮助读者消除恐惧和担忧，更好地保护眼部健康。

5.《如何有效防控青光眼：五大科学策略帮你远离可怕的青光眼》：本文将从青光眼的成因、症状、治疗和预防四个方面进行深入解读，并提供五大科学防控策略。文章将指导读者如何在日常生活中执行这些策略，如定期接受眼部检查，维持健康的生活方式等，以降低青光眼的威胁。

6.《如何告别角膜炎的困扰：五大实用方法帮你维护角膜健康》：文章将从角膜炎的概念、症状以及预防措施入手，在阐述接触不洁物质、长时间使用电子产品、过度疲劳、佩戴口罩、近视等角膜炎诱因的基础上，详细介绍五大实用的方法，以帮助读者有效地预防角膜炎，使他们的眼睛更加健康。

7.《如何轻松做到不让老花眼影响生活：深度探讨五种预防老花眼的有效方法》：老花眼是很多中老年人都会遇到的问题，这篇文章将帮助读者全面理解老花眼的形成机制，并提出五种有效的预防方法，如科学的眼部训练、合理的饮食和生活习惯等。文章的目标是帮助读者减少对老花眼的恐惧感，提高生活质量。

8.《向飞蚊症说再见：深度解读飞蚊症的成因与预防》：本文将从根源上解读飞蚊症的成因，并详细介绍预防飞蚊症的有效策略。文章内容将涵盖五种预防飞蚊症的方法，包括调整生活习惯、控制饮食等。文章旨在帮助读者消除对飞蚊症的恐惧，科学地预防飞蚊症，保护眼部健康。

9.《如何更有效地告别近视困扰：五大策略助你科学预防近视》：本文将从科学的角度出发，深度解析近视的形成机理，并介绍五大科学预防近视的策略，包括合理用眼、定期检查眼部等，以帮助读者摆脱对近视的恐惧，正确应对近视问题。

10.《驾驶者必看：全面了解并预防夜盲症的五大技巧》：针对驾驶者群体，本文将详尽解析夜盲症的症状、成因以及危害，并深入探讨五大预防夜盲症的技巧。通过对各类科学预防夜盲症的知识的学习，读者将全面了解夜盲症的成因以及如何更好地预防夜盲症。

我们看到，ChatGPT 依然交出了一份高分答卷。用眼疲劳、干眼症、老花眼、夜盲症……眼科疾病为人们带来的烦恼可谓有目共睹。能够针对各类常见眼科问题提供科学、严谨的预防措施的文章，如果能再配上一个优秀的标题，就可以更有传播力，从而帮助更多人。

📖✒ 4.3.6　数字法

数字法是通过ChatGPT打造吸睛标题的第六种方法。

通过在标题中合理地使用数字，我们能够以更具体、更明确的方式向读者传达信息。同时，标题中的数字，还能够暗示文章中的内容将按照一定的顺序或层次进行排列。

这种明确感和结构感，可以有效地强调文章的重点和特色，使得读者更愿意相信我们的这篇文章是充满"干货"的优质文章。比如下面这个例子。

输入问题： 你是一位新媒体写作专家。我运营着一个聚焦于广州的本地生活类新媒体账号，想写一些介绍广州的美食、购物、景点、展览等内容的文章。请用数字法为我列举10个标题，并分别简述每个标题对应的正文的大致内容。

🌀 **ChatGPT：** 1.《广州绿色骑行指南：探索广州25条最适合的骑行路线》：广州是一个非常适合骑行的城市。本文将为你探索广州最适合骑行的25条路线，包括城市风光路线、自然风景路线、文化历史路线等。详细的路线指南和景点介绍，能让你以更环保、更健康的方式深度体验广州。

2.《逛不尽的广州：30个你可能不知道的有趣购物地点》：本文将向读者介绍广州鲜为人知但很有特色的30个购物地点，包括旧货市场、小众设计师品牌的店铺等。对于每个购物地点，文章都将详细介绍其特色商品、优惠信息以及相关的购物攻略，为喜欢购物的读者提供一份全新的广州购物指南。

3.《广州48小时旅行指南：探索广州的30个特色景点》：本文将为读者规划一份48小时的广州旅行指南，涵盖广州30个特色景点，包括文化遗址、自然公园、特色街区等。每个景点都将附带其历史背景、特色和游玩指南，帮助读者在短时间内领略广州的魅力。

4.《广州的历史之旅：详解 25 个广州最有代表性的历史建筑》：广州的历史建筑代表了广州深厚的历史文化底蕴。本文将详解广州最有代表性的 25 个历史建筑，包括其历史背景、建筑风格、文化价值等，同时为读者提供深度参观的建议和建筑背后的故事，让读者在欣赏古老建筑魅力的同时，深入了解广州的历史和文化。

5.《广州购物地图：解析 20 条广州购物街区及其特色》：广州作为中国的重要商业城市，购物街区可谓丰富多样。本文将详细解析广州 20 条购物街区及其特色，包括介绍其中的购物中心、特色市场、品牌店铺等。文章旨在为喜欢购物的读者提供最新、最全的广州购物信息。

6.《广州的艺术之旅：带你欣赏 20 个广州独特的艺术雕塑》：本文将为读者展示 20 个位于广州的独特的艺术雕塑，包括公共艺术装置、城市景观雕塑等。针对每个雕塑，文章都会详细介绍其设计理念、艺术特色和制作背景，让读者领略广州的艺术魅力。

7.《广州美食探秘：品尝 30 道独特的传统粤菜》：广州的传统粤菜历史悠久，口味独特。本文将介绍 30 道独特的传统粤菜，包括其口味、制作工艺、历史背景以及最佳品尝地点等。文章旨在让读者更深入地了解广州的美食文化，也为读者在广州的美食之旅提供更丰富的选择。

8.《探寻广州的自然美：游赏广州 10 大城市公园的独特风光》：广州不仅有繁华的都市景象，还有许多美丽的城市公园。本文将向读者介绍广州的 10 大城市公园。对每个公园，文章都将详细介绍其特色景点、休闲活动以及游玩攻略，旨在帮助读者更好地领略广州的美景。

9.《广州特色民宿悠享之旅：推荐 20 家别具一格的本地民宿》：广州的民宿行业充满创新与特色。本文将为你推荐广州别具一格的 20 家本地民宿，从传统骑楼到独特的艺术家工作室，每家民宿都有其独特的装饰风格、环境氛围和服务理念。这些民宿不仅提供了舒适的住宿环境，更是广州生活和文化的一个个小窗口，为你的广州之旅增添更多的色彩与记忆。

10.《广州非遗文化精粹：深入解读广州 10 个独特的非物质文化遗产》：广州的非物质文化遗产丰富多样，本文将为读者深入解读广州 10 个独特的非物质文化遗产，包括广州的传统手工艺、戏曲、民俗等，详细介绍每个非物质文化遗产的历史、传承、意义和价值，让读者更深入地了解广州的文化精粹。

　　从绿色骑行到特色民宿，从城市美景到非遗精粹，在提示词的引导下，ChatGPT 为我们带来了生活在广州的一系列精彩瞬间。

　　如果写作者能够扎实地聚焦于这些话题，写出数量与质量都如标题中所说的"干货"内容，那么，读者一定会对我们的新媒体账号留下深刻印象，并将我们文章中的高价值旅游攻略一一仔细珍藏。

　　我们发现，构思严谨的提纲、汲取创意灵感以及打造吸睛标题，是密切关联、相辅相成、不可分割的有机整体。如果我们能通过 ChatGPT 的帮助，在这些方面都做到驾轻就熟，那么，我们就拥有了坚实的创作基础，可以尽情地在牢固的地基上展望摩天大楼的破空而出。

第五章

4个技巧
提升成稿能力

有了坚实的创作基础后，我们"路漫漫其修远兮"的写作旅程，依然只是"行百里者半九十"。只有提升成稿能力后，我们才能水到渠成地持续创作高品质内容。在本章中，通过对写出引人入胜的开头、写出令人回味的结尾、写出画龙点睛的金句以及持续提升创作水平这 4 大技巧的学习，我们将进一步了解 ChatGPT 的功能，以便更好地提升成稿能力。

5.1 | 写出引人入胜的开头的6个策略

如何使文章的开头迅速吸引读者的注意力？在本节中，我们将通过引用经典作品、提出问题、讲述故事、谈论趋势、使用对话以及运用时间线这 6 个策略，了解 ChatGPT 如何帮助我们写出引人入胜的开头。

5.1.1 引用经典作品

文章的开头部分，可以在很大程度上决定一篇文章的最终呈现效果。写出引人入胜的开头，是写作者提升成稿能力时不容忽视的技巧。

如同一次握手、一个眼神交流或者一句寒暄，文章的开头是写作者与读者之间的第一次交流，在这个过程中形成的第一印象非常重要。在信息冗余的今天，人们每天都会被各种各样的内容包围，只有让人眼前一亮的文章才能吸引读者注意。同时，文章的开头也是预示全文内容的关键部分。它像是一支预告片，能够概括文章的主题、观点和论证方法，并预示文章的发展方向。这对于帮助读者理解全文内容、建立阅读预期可以起到关键性作用。

要写出引发读者兴趣、精准传递信息的文章开头绝非易事。然而，在 ChatGPT 的助力下，我们将更有把握实现这一目标。作为一种先进的自然语言处理模型，ChatGPT 在大量的文本数据的训练中已学习了多样化的写作风格和各种类型的文章开头，可以为我们撰写文章开头提供帮助。

如果我们需要写一些格式相对固定的简单文章，那么我们可以直接让ChatGPT替我们撰写开头部分。这类文章的需求量并不小，高效的创作者完全可以通过大量撰写此类文章，来获取可观的总收益。毫无疑问，这是值得人们尊重的一种写作方式。操作方法也非常简单，创作者只需要在提示词中告诉ChatGPT自己想写哪一类文章、写什么内容，ChatGPT就能给出完整的文章开头部分。

不过，这种写作方式显然无法最大化发挥ChatGPT的价值。事实上，模板化写作的各类工具，早在几年前就已出现，现在更是随处可见，用ChatGPT完成这类写作其实是大材小用。将ChatGPT的回答作为重要的参考建议，从而激发我们新的灵感，启迪我们写出更富有创造力的内容，才是对ChatGPT的更好运用。由此，我们将通过分析6种借助ChatGPT撰写开头的策略，以便更好地提升自身的成稿能力。

引用经典作品是借助ChatGPT写出引人入胜的开头的第一种策略。

经典作品往往具有较高的影响力与权威性，它们经受住了时间的考验，因而被广大读者所认可。通过在文章开头引用这些作品，可以增强文章的说服力。同时，经典作品本身就是一种文化的载体，它们通常具有丰富的寓意和艺术价值。因此，在ChatGPT的帮助下引用这些作品，可以让我们的文章也充满文化气息，从而提升文章的品质。比如下面这个例子。

> **输入问题：** 你是一位专业作家。我想写一篇介绍法国科技创新环境的文章，希望在开头部分引用一位知名法国作家的经典名句。你觉得我应该引用哪位作家的哪一段话，理由是什么？

> ⊚ **ChatGPT：** 在撰写关于法国科技创新环境的文章时，我建议你引用法国著名作家阿尔贝·加缪的名句："真正的创造性行为在于跳出时间的边界，在一个瞬间赢得永恒。"
>
> 这句话深刻地揭示了创新的核心价值：超越时空，打破常规，创造未来。科技创新，就是要突破现有的知识体系和技术平台，实现新的科技突破。这种

突破不仅在于解决现有问题，还在于预见未来，创造新的可能，而这正是加缪所说的"在一个瞬间赢得永恒"。

在文章中引用这句话，可以强调法国科技创新环境的独特之处：法国科技创新环境具有深厚的科技传统和科学精神。从皮埃尔·德·费马到约瑟夫·拉格朗日，从路易斯·巴斯德到杰马里·莱恩，法国科学家们的创新精神一直是人类科技进步的重要力量之一。引用阿尔贝·加缪的这句话，可以帮助你展现这一点。

在此基础上，你可以进一步分析和阐述法国科技创新环境的其他方面，包括法国的科研教育环境、科技市场环境等。这些都是法国科技创新环境的重要组成部分，也是影响法国科技创新的关键因素。你可以援引具体的案例和数据，深入探讨这些因素对法国科技创新的影响，以及它们之间的相互关系。

此外，你还可以从全球视角出发，对比和分析法国与其他国家的科技创新环境。你可以探讨法国在全球科技创新格局中处于何种位置，也可以探讨法国如何借鉴和应用其他国家的成功经验。这样，你的文章不仅可以展示法国的科技创新环境，还可以揭示科技创新在全球化背景下的全貌。

阿尔贝·加缪的这句话为你的文章提供了一个深刻的开头，也为你的后续论述提供了一个很好的立足点。它既反映了法国科技创新环境的特点，也突显了科技创新环境的重要作用。希望你的文章可以通过在开头引用这句话，展现出丰富的内涵和深度，为读者带来新的洞见和启发。

ChatGPT 建议我们在文章开头引用的这句话，不仅契合文章主题，还为文章的后续展开埋下精彩的伏笔。这就是 ChatGPT 在引用经典作品方面，为我们写出精彩开头做出的巨大贡献。

5.1.2　提出问题

提出问题是借助 ChatGPT 写出引人入胜的开头的第二种策略。

在文章的开头部分提出一个问题，可以立即引起读者的注意。这个问题能够激发读者的好奇心，使大家对问题的答案产生兴趣，并希望通过阅读接下来的内容找到答案。这就像是为大家开启了一扇神秘的大门。

好奇心将推动大家穿过这扇大门，探索藏在门后面的广阔世界。

适用于文章开头部分的问句，主要有两种情况。第一种，写作者可以通过提出疑问句，增强文章能够为读者解决特定问题的暗示。比如下面这个例子。

输入问题： 你是一位文案专家。我需要为一款速干运动套装撰写销售文案。通过对化学纤维进行物理改性，这款速干运动套装的面料的整体吸湿性与导湿性得到了提高。请用疑问句为我撰写文章的开头，使文章能够更好地吸引读者，并说明这个疑问句的作用有哪些。

⑤ **ChatGPT：** "你是否曾在高强度的运动后，被汗水浸湿的衣物紧紧贴在身上，感觉闷热难受，甚至因此影响了你的最佳表现？"

文章开头的这个疑问句，巧妙地引出了我们要解决的问题。具体来说，这个疑问句的作用可以分为以下几个方面。

首先，这个问题讲述了许多运动爱好者经常遇到的问题，它的出现很可能会引起他们的共鸣。他们可能会想，"这确实是我所遇到的问题"。这种认同感会鼓励他们继续阅读，他们希望在接下来的内容中找到解决这个问题的答案。

其次，这个问题会引导读者思考他们在运动时是否有过类似的痛苦经历，使他们意识到自己实际上需要一种更舒适的运动装备。这种自我反思的过程能够增强他们对这款速干运动套装的需求感，为我们提供更大的销售可能性。

然后，这个问题巧妙地为我们的产品做了铺垫。当我们提出问题时，读者会自然地期待解答。这个期待就为我们介绍产品创造了条件。当我们在答案中提到我们的速干运动套装，读者会把它视为解决问题的可能方案，从而提高读者对我们产品的接受度和购买意愿。

此外，这个问题不仅能激发读者的共鸣和反思，同时也能在读者心中制造悬念，使他们想要了解下文。这可以促使他们更深入地阅读，从而提高我们文案的完读率。

最后，这个问题向读者传达出我们对他们的理解和关心，这有助于我们建立与读者的信任关系。当读者感觉我们理解他们时，他们会更愿意相信我们的产品可以解决他们的问题。

总之，这句开头部分的疑问句能够成功吸引读者的注意力，提高他们对我们产品的接受度。因此，它可以成为引导读者深入阅读文章、激发读者对产品感兴趣的有效工具。

第二种，写作者还可以通过提出反问句，强调文章的鲜明立场，让读者明白这是一篇观点新颖、内容丰富的好文章。比如下面这个例子。

输入问题： 你是一位新媒体写作专家。我想写一篇论述古典音乐对当代年轻人的价值的文章。请用反问句为我撰写文章的开头，使文章能够更好地吸引读者，并说明这个反问句的作用有哪些。

◎ **ChatGPT：** "难道古典音乐真的离我们的生活很遥远吗？"这句充满启发性的反问句在文章开篇即抛向读者，为我们探索古典音乐对当代年轻人的重要价值的话题揭开了序幕。

首先，我们需要认识到，抛出这样的开场反问句是一种极其有效地吸引读者注意力的策略。对于大多数年轻读者来说，他们对古典音乐的认知可能仅停留在陌生和遥远上，因此，当他们在文章的开篇就看到这样一个问题时，很可能会产生好奇心，进而继续阅读。也就是说，这个反问句通过提问的形式唤醒了读者的疑惑心理，使他们产生了想要找出答案的冲动。

其次，反问句的运用在引导读者思考的同时，也在无声无息中传达了作者的观点。作者以一种委婉而又有力的方式向读者提出了一个主张，即古典音乐其实离我们的生活并不遥远，甚至在某种程度上对我们的生活有着重要的影响。这种观点的传达不仅加深了读者对文章主题的理解，而且激发了他们的思考，使他们在阅读文章的过程中更加主动、深入地思考问题。

再次，反问句的运用为文章的后续论述铺垫了道路。因为反问句的提出，会使读者在阅读接下来的内容时就带着寻找答案的目标去阅读，这样一来，文章对于他们的吸引力就会大大增强。同时，通过这个问题，也为文章接下来的内容设定了明确的写作方向和论述重点，这对于文章的组织结构和逻辑性也是非常有利的。

除此之外，这样的反问句也为作者提供了展开讨论和阐述自己观点的空间。

作者可以在后文中通过列举事实、引用数据和讲述故事等方式，证明古典音乐并非如一些人所认为的那样遥不可及，而是在我们的生活中占据着重要的地位。同时，作者也可以从这个问题出发，引出古典音乐对于个人修养、审美培养、情感表达等方面的重要作用，从而让读者意识到古典音乐的价值和意义。

最后，这个反问句通过强调古典音乐在现代社会中的存在感和重要性，使文章主题更加突出和引人注目。这使读者在阅读过程中能够更加清晰地认识到古典音乐对我们生活的影响，也使他们对古典音乐和自身生活的关联产生更深入的思考。

总之，这个反问句在论述古典音乐对当代年轻人的重要价值的文章中起着至关重要的作用。它能够引发读者的好奇心和思考，使读者产生继续阅读的欲望。同时，它也为文章作者提供了一种直观而有效的方式来引出主题，让作者能更清晰地阐述古典音乐在当代社会中的实际价值和意义，使文章的论点更具有说服力和影响力。

5.1.3 讲述故事

讲述故事是借助ChatGPT写出引人入胜的开头的第三种策略。

人类天生就喜欢听故事。一个描写具体、形象动人的故事，可以创造出强烈的视觉、听觉、嗅觉印象，这些印象能深深地进入读者的记忆中，使读者在很长一段时间后仍然能够回想起来。因此，如果写作者在文章的开头讲述了一个有吸引力的故事，那么读者就更容易记住文章的信息，也更有可能在日后回想起这篇文章。

不仅如此，故事还能够帮助读者建立更复杂的思维连接。一个观点或一个数据只是一个孤立的信息点，而一个故事则包含了事件、人物和情绪，它们之间的关系形成了一个复杂的网络，这个网络可以帮助读者更好地理解和记忆文中的信息。

借助ChatGPT运用这一策略的力量，在于它调动了人们的情感、记忆和思考，使写作者的文章更容易被人们接受和记忆。比如下面这个例子。

输入问题： 你是一位全球科技史专家。我想写一篇关于勇于创新才能取得重大科技突破的文章，你觉得在文章开头部分讲哪位科学家的故事，才是一个非常合适的选择。

⑤ **ChatGPT：** 如果我们要讲述科技历史中的创新者和探索者，那么很少有人能比托马斯·阿尔瓦·爱迪生更有代表性。如果我们能在文章的开篇部分回顾一下这位杰出发明家的研究历程，那么，他的职业生涯就是对创新与坚韧不拔精神的最好论证。

爱迪生生活在 19 世纪下半叶到 20 世纪上半叶，这个时期是人类科技发展的关键时期。爱迪生是一位自学成才的科学家，他并没有受到缺乏学校教育的限制，而是有着丰富的想象力和广阔的视野。

我们可以先回到 1879 年，为读者分享在这时发生的故事。那时，爱迪生已在自己的实验室中工作了无数个日夜，只为找到一种可行的电灯丝材料。这个挑战几乎让他感到绝望，但他从不放弃。他试验了上千种不同的材料，包括棉花、亚麻、各种木质纤维，甚至包括人的头发，但都未能成功。

让我们描绘一下那个故事，画面定格在爱迪生深夜独自工作的身影。实验室里充满了各种化学气味，疲惫的爱迪生脸上挂着汗珠，眼中却闪耀着坚定的信念。他的手指被丝线割得伤痕累累，可他并未放弃，他仍坚守在实验台前，试图找到解决问题的答案。

在一个历史性的夜晚，爱迪生终于在数以千计的尝试后，发现了碳化棉丝可以作为灯丝的理想材料。当灯泡亮起时，一束光照亮了整个实验室，也照亮了爱迪生疲倦却坚毅的脸庞。那一刻，他不仅点亮了那个灯泡，也为人们点亮了很多新希望。

爱迪生的故事向我们展现了创新的力量。爱迪生用实践证明，即使面对无数挫败和困难，只要我们敢于创新、勇于试验，我们就能够推动科技的进步。尽管爱迪生遭遇了许多的困难，如试验的失败和被很多人嘲笑，但爱迪生从不曾放弃创新的想法。

人类第一盏有广泛实用价值的电灯的成功研制，让世界告别了煤气灯和蜡烛的时代。这不仅改变了人类生活的很多方面，也引领了一系列的工业和科技变革。可以说，爱迪生的创新精神，就像那一盏灯泡一样，为许多后世科学家照亮了前行的道路。

不仅如此，爱迪生还发明了留声机、电影摄影机等重要科技成果。在美国，爱迪生共获得了 1093 项专利。爱迪生的故事是勇于创新的非常好的例证，他的一生证明了只有敢于挑战，敢于创新，才能达到令人难以想象的高度。正如爱迪生本人所说："创新意味着拒绝接受现状。"他的故事激励着我们，无论我们面对什么困难与挑战，只要我们敢于创新，敢于探索，我们就很可能实现我们的目标，推动科技的进步。

所以，爱迪生的故事非常适合放在这篇文章的开篇部分。他的故事既说明了创新的重要性，也阐述了人们应该如何创新。

可以看出，ChatGPT 在提示词的引导下交出了一份高分答卷。当我们在文章的开头细致地讲述这个故事，让"实验室里充满了各种化学气味"和"他的手指被丝线割得伤痕累累"等细节深深映入大家的脑海时，这些嗅觉和视觉印象，有可能在很长一段时间后仍能被大家想起。由此，我们的文章也将得到大家的更多认可。

5.1.4 谈论趋势

谈论趋势是借助 ChatGPT 写出引人入胜的开头的第四种策略。

运用谈论趋势的策略为文章撰写开头，显示了写作者对文章所讨论的主题拥有丰富知识和深刻洞察。当写作者在文章的开头部分就展示出对某种趋势的总结能力时，人们将对写作者的观点和分析产生信赖，从而耐心地阅读下去，希望在文章中找到有价值、有深度的信息。

同时，借助 ChatGPT 的力量谈论某种趋势，可以为人们营造一种期待感。当看到一篇文章在讨论某种趋势时，读者会期待了解这种趋势将如何影响自己的生活或行业，以及这种趋势将为自己的未来发展带来哪些好处。比如下面这个例子。

输入问题：你是一位城市规划专家。我要写一篇关于越来越多的跨国企业认识到中国有不容错过的未来机遇的文章。在文章的开头，我需要写出一个能论证这个观点的重要趋势。对于这个观点，你觉得哪个趋势很具有代表性，理由有哪些？

⑨ ChatGPT: 越来越多的跨国企业正在把全球性或区域性总部迁至北京、上海等中国重要城市，是论证这篇文章观点的很具有代表性的一个重要趋势。

企业的总部通常会设立于商业和经济活动集中的城市，因为这些地方具备良好的交通环境、丰富的人才储备、顶尖的科技水平以及齐全的产业基础设施等。因此，当跨国公司选择将全球性或区域性总部迁至北京、上海等中国重要城市时，它们实际上是在对中国的这些优势表达信任和认可。

从更深层次来看，这个决策更是表明这些跨国公司对于中国经济未来的发展前景也相当看好。因为总部的迁移往往代表着公司对未来的市场预期，以及对自身经营战略目标的调整。这个决策既会考虑短期的利润增长，也会考虑长期的业务发展。因此，我们可以认为，越来越多的跨国企业正在把全球性或区域性总部迁至北京、上海等中国重要城市，是这些跨国企业逐渐认识到中国有不容错过的未来机遇的有力证明。

那么，在文章的开头谈论这个趋势，能够具体说明哪些现象呢？

第一，中国市场是拥有巨大发展潜力的市场。中国作为全球最大的消费市场之一，拥有庞大的中产阶级和不断增长的消费需求。随着民众收入水平的提高和消费观念的转变，中国市场对高品质、创新和个性化产品的需求正在持续增加。跨国公司将全球性或区域性总部设在中国，可以更好地把握市场动态和消费趋势，及时调整战略和产品定位，满足不断变化的消费需求。

第二，中国市场拥有丰富的人才资源。中国的教育体系为中国培养了大量高素质的人才。中国的大学和科研机构培养了众多优秀的科学家、工程师、管理人才和创业者。跨国公司将全球性或区域性总部设在中国，可以充分结合中国丰富的人才资源，招聘优秀的员工。

第三，中国市场拥有良好的创新环境。中国在人工智能、5G、云计算、电子商务等领域处于国际领先地位，具备强大的技术创新能力和数字化转型能力。一系列支持创新的政策措施，也能鼓励企业增加研发投入，提升技术创新能力。跨国公司将全球性或区域性总部设在中国，可以与中国的科技企业和研究机构进行合作，共享创新资源和技术成果，从而推动自身在科技创新领域的发展。

第四，中国市场拥有健全的区域合作平台。中国积极参与区域经济合作，推动建设开放型经济。通过将全球性或区域性总部设在中国，跨国公司可以更好地融入中国和周边国家市场，参与区域价值链的合作，实现区域经济的协同发展。

第五，中国的城市化进程和基础设施建设取得了巨大成就。中国的大城市（如北京、上海等）具备先进的基础设施和优质的服务体系，能够为跨国公司的全球性或区域性总部提供良好的办公环境和生活条件。中国的高速铁路、机场、港口等基础设施得到了快速发展和完善，这为跨国公司提供了便利的交通和物流条件。

综上所述，越来越多的跨国企业正在把全球性或区域性总部迁至北京、上海等中国重要城市，是越来越多的跨国企业逐渐认识到中国有不容错过的未来机遇的有力证明。这样的决策表明，越来越多的跨国企业对中国未来发展的潜力充满信心。

我们发现，ChatGPT在回答中所说的趋势，的确能够起到为我们打开创新思路之门的重要作用。通过谈论趋势这种借助ChatGPT写出引人入胜的开头的策略，我们将有效地提升自己的成稿能力，成为更受读者欢迎、也更能为读者带来价值的写作者。

5.1.5 使用对话

使用对话是借助ChatGPT写出引人入胜的开头的第五种策略。

ChatGPT为我们带来的对话，可以成为文章主题和读者之间的桥梁。对于一些抽象的概念或主题，如爱情的可贵等，直接讲解条条框框的理论并非最好的选择。写作者可以通过对话的形式，将这类抽象的内容以更易理解的方式呈现给读者。比如下面这个例子。

输入问题：你是一位专业电影编剧。我想写一篇观点为年轻人遇到心动的人应该勇敢表白，因为爱情无比珍贵的文章。请帮我找一段适合

放在文章开头部分的经典电影的对话，并说明这段对话适合放在这篇
文章开头的原因。

⑤ ChatGPT：在电影中，有很多深入人心的对话。其中，《当哈利遇到莎莉》
这部经典的爱情电影就包含了许多令人难忘的台词。我认为，哈利向莎莉表白
时的那段对白，是非常适合放在你这篇文章的开头的："当你意识到你想和某
个人共度余生时，你会希望余生尽快开始。"

这段对白深深地触动了许多人的心，它以直白而深情的方式阐述了人们对
爱情的渴望和期待。这段对话之所以适合放在你这篇文章的开头，有以下几个
原因。

首先，使用这段对话可以为你的文章增加一种生动叙事的力量。通过引述
哈利对莎莉的这段表白，你可以把读者带入一个情感丰富的故事中，这能够让
你的文章更形象地阐述爱情的概念。你可以把这段对话放在你的文章的开头，
从而在后面的内容中更生动地讲述爱情对人们的意义。

其次，这段对话为我们提供了一个深入探讨爱情的切入点。哈利的发言虽
然简短，却饱含着浓厚的情感以及对爱情的深刻理解。它揭示了人们对爱情的
需求和渴望，可以为我们引出一系列关于爱情的讨论。当你的文章接下来想要
深入探讨爱情对于人们的珍贵价值时，这段对话可以为你提供一个明确而有力
的开场。

再次，这段对白是一部爱情电影的经典片段，它已经深入人心，成为许多
人对爱情的共识。这也是为什么它能立刻吸引读者的注意，让读者产生共鸣。
它来自电影《当哈利遇到莎莉》，这部电影是一部广受欢迎的爱情电影，曾获
得奥斯卡金像奖最佳原创剧本提名。它的许多对话和情节都已成为爱情电影的
经典。使用这样一个广为人知的引子，可以让你的文章更具有共鸣力和影响力。

最后，这段对话也为你的文章提供了一种情感基调。它是深情而真挚的，
充满了对爱情的热切期待，这种情感基调非常适合你的这篇文章。通过引用这
段对话，你可以为自己的文章设置一个明确的情感基调，使你的文章从开头部
分就充满深情。

《当哈利遇到莎莉》中的这段对白，简短而深刻，让人有所触动，有所启
发。它适合作为你这篇文章的开头，因为它能更生动地展示爱情的可贵，呈现

勇敢表白对于爱情的意义，引导读者更深入地思考爱情，以及为你的文章设定基调。这样一来，读者将会更愿意深入阅读你的文章，了解你对爱情的观点和洞见。

除了更好地化抽象为具体以外，放在文章开头部分的对话，也可以帮助作者更好地表述重点。通过 ChatGPT 带给我们的对话，写作者可以自然而然地向读者传递自己想要强调的信息，这些信息可能对理解文章的整体内容和主题至关重要。通过运用这种让信息传递变得更有重点的策略，读者将更易接受和理解写作者的观点。比如下面这个例子。

输入问题： 你是一位商学院教授。我想写一篇分析一家知名科技创业公司取得巨大成功的原因的文章，需要在文章的开头列举一段知名科学家关于科技创新的对话。你觉得哪段对话很适合放在这篇文章的开头部分。

⑥ **ChatGPT：** 好的，我认为英国物理学家艾萨克·牛顿与朋友的一段对话很适合放在你的文章的开头。

一位朋友曾经问牛顿："你是如何发现万有引力定律的？"牛顿说："通过不断地思考。我就像一个在海边玩耍的孩子，不断在广大的知识海洋边缘找到一个又一个更大的贝壳，然后欣喜若狂，而展现在我面前的是完全未探明的真理之海。"

这段对话很适合放在你的文章的开头，理由有以下几点。

首先，牛顿的这段对话深刻揭示了知识的积累和发现是一个逐渐深入、不断探索的过程，这一过程需要持续不断地思考。这种强调不断探索和思考的态度，对科技创业公司来说是至关重要的。科技领域是一个日新月异、发展极其迅速的领域，创业公司想要在其中取得成功，就必须有持续的创新。

其次，牛顿说，"展现在我面前的是完全未探明的真理之海"，这种对未知的敬畏和追求，与科技创业公司所面临的境况有着高度的契合性。科技创业公司往往是在充满未知的全新领域进行创新。在这样的环境下，企业需要巨大的勇气去拥抱这个充满变数的市场。企业需要一种敢于冒险、不畏挑战的精神，才能在面对重重困难时依然保持前进的决心。

　　再次，牛顿的那句"不断在广大的知识海洋边缘找到一个又一个更大的贝壳，然后欣喜若狂"，生动地描绘了科技创业公司的探索过程。对于科技创业公司来说，他们往往需要在广大的知识海洋中找到一颗颗"珍珠"，也就是新的科技成果或者商业模式，从而实现突破。

　　最后，这段对话揭示了牛顿对于发现和探索的热情，而这是任何一家科技创业公司都需要具备的。这种热情来源于对未知的好奇心、对技术的热爱以及对创新的渴望。创业是一条充满未知的道路，只有那些永远充满热情、勇于不断创新的公司，才有可能在竞争激烈的市场中获得成功。

5.1.6　运用时间线

　　运用时间线是借助 ChatGPT 写出引人入胜的开头的第六种策略。

　　跳跃的时间线，可以在文章开头就营造出一种强烈的动态感，使得文章中描写的形象栩栩如生。这是因为它能将读者从一个时间点带到另一个时间点，营造出一种事件或情节的前后变动和发展感，使整个阅读过程充满了活力和动感。通过运用时间线的策略，写作者可以将想要重点强调的事件或情节第一时间呈现给读者，使大家在写作者的生动描绘下，第一时间感受到这些事件或者情节的重要性。

　　此外，运用时间线的策略，还能够为读者提供一个全新的视角去审视事物，使读者能够以一种更广阔的角度去了解文章的内容。这种写作方式可以跳出传统的线性叙述的局限，使文章的内容更加丰富和立体。对于同一事件或情节的描述，通过时间线的跳跃，我们可以看到事件的前因后果，看到不同时间段人物的反应和变化。由此，这种方式无疑会在很大程度上提高文章的吸引力。比如下面这个例子。

> **输入问题：** 你是一位足球专家。梅西终于获得了自己梦寐以求的一个冠军奖杯。我想写一篇分析梅西多年足球生涯的文章，希望告诉大家要敢于追梦、坚持拼搏，这样才能最终收获成功。请问，你觉得在文章的开头部分，可以描述梅西的哪一段时间线，为什么？

⊚ **ChatGPT：** 我们的视线可以回到阿根廷的罗萨里奥，回到 1994 年的一天。在一片热闹的足球场上，一个身材并不高大的小男孩正在踢足球，他就是我们的主角利昂内尔·梅西。他此时只有七岁，但已经对足球有了深深的热爱。他在足球场上飞速奔跑，带着无尽的热情和坚持追逐着足球。他的身体瘦小，面孔稚嫩，但他的眼睛里却闪烁着坚定的光芒。

那时的梅西在球场上就像一只顽强的小猎豹。他时而凌空跃起，用头顶向飞来的足球，时而疾驰在场上，灵活的身躯在对手的防线中穿梭，犹如大海中的一条小鱼在巨浪中游弋。每当他带球冲破对手的防线时，每当他完成如流星般的射门时，观众就会为他那种对足球的纯真热爱和对胜利的执着追求热情鼓掌。

然而，这个才华横溢的小男孩在 10 岁时却遭遇了生活的重击。他被诊断为生长激素缺乏症，这对一个渴望在足球场上有所作为的孩子来说，无疑是晴天霹雳。然而，梅西并没有因此放弃，他选择了坚持。

请记住这个画面：一个小男孩在罗萨里奥的球场上执着练习，即使已累得气喘吁吁，也要让足球继续在脚下灵活滚动。尽管他知道，自己可能因为生长激素缺乏症而无法成为职业足球运动员，但他从不因此而放弃练习。相反，他以更加坚忍的意志和更加努力的训练，来应对这个挑战。终于，他的坚持得到了回报。他后来不仅成功签约了世界知名的足球俱乐部，而且在先进的医疗条件的保障下，于 2003 年达到了 1.7 米的身高。

他是如此热爱足球，坚信自己可以在足球场上获得成功，并用自己的行动证明了这一点。无论是在罗萨里奥的街头，还是在巴塞罗那的诺坎普球场，他都以优秀的表现来应对所有的困难和挑战。他的球技越来越精湛，他的身影也越来越引人瞩目，那个曾在罗萨里奥球场上独自练习的小男孩，如今已经在世界的舞台上崭露头角。

再看今天的梅西，他已经是全球闻名的足球"巨星"。他用他的才华和坚持，给全世界的许多球迷带来了无尽的欢乐和震撼。他的每一次精彩表现，都是对他过去艰苦付出的最好回报。

梅西的故事告诉我们，只有坚持才能实现梦想，只有勇于面对挑战，我们才能在人生的道路上走得更远。他的运动生涯就是一个很好的例子。梅西用实际行动向人们证明，只要有决心、有毅力、有勇气，就能克服一切困难，实现自己的梦想。

总之，梅西的早年画面，就像是一面镜子，可以反映出他那种永不言败、永远追求卓越的精神。从一个在罗萨里奥球场上踢足球的小男孩，到现在的世界足球"巨星"，梅西的一生都是充满激情和坚持的。他的旅程，给全世界的无数球迷留下了深刻的印象。他的故事告诉我们，要敢于追梦，勇于坚持，这样才能最终实现梦想。

ChatGPT描绘的一系列画面，是否为我们撰写这篇文章的开头激发了诸多灵感？当我们从永葆初心的角度，撰写梅西在足球场上经年累月的坚持与不畏困难的勇气时，整篇文章的人物形象就能更加立体且饱满。

在提示词的引导下，ChatGPT将为写作者带来样式丰富的撰写文章开头的灵感。对于那些善用ChatGPT的写作者而言，为文章写出引人入胜的开头将不再是一件难事。

5.2 | 写出令人回味的结尾的6个策略

如何使文章的结尾给读者留下深刻印象？在本节中，我们将通过掌握设置悬念、总结文章价值、表达真挚情感、探讨哲理思考、运用反转和回顾初心这6个策略，了解如何让ChatGPT帮助我们写出令人回味的结尾。

5.2.1 设置悬念

为文章撰写一个精彩的结尾，其价值也是极为可观的。

诺贝尔经济学奖得主丹尼尔·卡内曼曾提出"峰终效应"。它的意思是，人们对一段经历的记忆和评价，通常并不是基于整段经历的平均感受，而是主要基于两个关键点：一是经历中的峰值，二是经历的最后阶段。无论这段经历是愉快还是痛苦，是漫长还是短暂，人们的记忆和评价常会聚焦在这两个点上。

峰终效应，正是对文章结尾的珍贵价值的经典诠释。

阅读本身就是一种经历，其中的每一段文字、每一个观点、每一个情节都可能引发读者的情绪反应。文章的结尾部分，就如同一段经历的结束，它是对全文的收尾和概括，其质量高低将在很大程度上决定读者对文章的最后评价的高低。一个优秀的结尾，能够在读者心中留下深刻的印象，使读者对全文的理解更深、记忆更久。反之，一个平淡无力的结尾，可能会使读者对文章内容的记忆变得模糊，并对文章的好感大打折扣。

在文章的结尾处花费足够的时间和精力，让读者对文章记忆深刻、产生共鸣，值得每一位写作者都高度重视。

对于模板化的简单文章，我们完全可以让 ChatGPT 替我们撰写文章的结尾部分。操作方法也如同让 ChatGPT 撰写文章的开头部分一样，只需要告诉 ChatGPT 要写什么类型的文章、结尾有哪些内容即可。

而对于真正需要体现创造力与想象力的文章，我们则可以通过了解六种借助 ChatGPT 撰写结尾的策略，在灵活运用这些策略的基础上撰写出令人回味的结尾。

设置悬念是借助 ChatGPT 写出令人回味的结尾的第一种策略。

悬念通常有一种强烈的紧张感，它使读者对未知的结果充满好奇和期待。当文章在结尾部分合理地设置了悬念时，这种期待和紧张感会迫使读者想要找到答案。它就像拥有磁力，将读者紧紧地吸引在文章中，使读者在阅读结束后仍在思考文章中的内容，并从中寻找答案。这种对答案的持续追求，对结果的持续期待，都可以使文章在读者心中留下深深的痕迹，使文章的回味度大大增加。比如下面这个例子。

输入问题： 你是一位专业作家。我想写一篇科幻小说，主要情节是一位原本讨厌机器人的人类男性，经过太空漫游、时间旅行等一系列曲折情节后，最终爱上了与自己不打不相识的机器人。请问，应该怎样处理这篇科幻小说的结尾，才会为整篇作品留下更多悬念，从而令人回味？

ChatGPT：当我们谈论科幻小说的结尾时，需要运用一种精巧而细腻的技巧，确保我们的结尾在给予读者满足感的同时，也为故事留下充分的悬念。在你的故事中，一个讨厌机器人的人类男性经过一系列冒险后爱上了一个机器人，这本身就充满了动态变化和内心冲突。那么，我们应如何处理这篇科幻小说的结尾呢？

首先，让我们回顾一下你的故事：一个人类男性在太空漫游和时间旅行中与机器人相遇，两者经历了一系列冒险和冲突，最终男主人公爱上了这个机器人。在这个过程中，他的心态发生了显著变化，也给读者展示了机器人的个性和情感。

现在，让我们考虑结尾。理想的结尾应该是对小说主人公心理变化的反映，同时也是他与机器人关系发展的结果。我们可以选择让男主人公因为爱情做出一些行动，如选择和机器人在一起，甚至在必要时保护她。然而，这并不意味着他们的关系会一帆风顺，因为他们之间的差异仍然存在。

一种可能的结尾是，在故事的最后，男主人公和机器人遭遇了一次历险。在这次历险中，男主人公不得不做出选择：是保持他讨厌机器人的原有观念，还是冒着受伤的风险保护眼前的机器人。在这个做决定的过程中，我们可以看到他对自己原有观念的挣扎。这不仅强化了他的角色发展，也让读者对他的决定产生了强烈的兴趣。

其次，我们可以为故事设置一个开放的结局，让读者对男主人公的决定和他们的未来充满猜测。我们可以描绘一个场景：男主人公决定与机器人一起面对未来的挑战，但他们的前路充满了未知。这样读者就会对他们的未来产生好奇，也会对故事产生持久的回味。

最后，我们还可以在故事的结尾处加入一些对未来的提示，比如，男主人公的一段独白，或者一些关于未来科技发展的设想。这样我们就不只给出了后续故事的可能走向，还描绘出了一个更大的世界，给读者留下了无限的想象空间。

在构思这个结尾时，我认为其中最重要的一点，就是要突出小说主人公的心理变化，以及他如何与这个他原本讨厌的机器人建立起深厚的感情。在科幻小说中，我们经常看到的是外在世界的变化、技术的革新，以及人类如何应对这些变化。但在你的故事中，更重要的是小说主人公内心世界的变化。这也是为什么我建议你在结尾部分突出小说主人公的情感变化和抉择。

综上所述，我们可以通过完整呈现小说主人公的心理变化历程，采用开放的结局引发读者的好奇心，以及通过对未来的提示，增加故事的深度和复杂性，从而为这篇科幻小说创作一个富有悬念的结尾。

"更重要的是小说主人公内心世界的变化"，ChatGPT给我们的建议颇具价值。如果在结尾部分能够成功突出小说主人公的情感变化和抉择，并给出一个能够引发读者好奇心的开放结局，那么，这篇作品必然会在许多读者心中留下深刻印象。

5.2.2　总结文章价值

总结文章价值是借助ChatGPT写出令人回味的结尾的第二种策略。

运用总结文章价值的策略为文章收尾，可以清晰地展示出写作者的立场和观点。这种明确的立场，能够让读者更好地理解和感知写作者的观点，从而引发读者对于写作者观点的深度思考和回味。

一方面，写作者可以在ChatGPT的帮助下，通过对自己的全文观点进行逐一列举和充分解释，来总结全文的价值。比如下面这个例子。

输入问题： 你是一位新媒体写作专家。我想写一篇细致分析全球代糖行业的"干货"类文章，请介绍一下，如果我用总结文章价值的方式结尾，那么我应该给出哪些方面的总结更合适。

ChatGPT： 在一篇深入剖析全球代糖行业的文章中，以总结文章价值的方式作为结尾是一个明智的选择。这不仅可以使读者快速地回顾和整理文章的主要信息，同时也能强调文章的研究价值和意义，以及对行业和社会的启示和影响。下面是几个你可能需要考虑进行总结的方面。

代糖行业的全球现状和趋势。你的文章很可能会涉及代糖行业的全球发展现状、市场规模、主要生产国和消费国，以及近年来的发展趋势等内容。你可以在结尾部分对这些信息进行归纳总结，让读者对全球代糖行业有一个整体了解。

主要的产品种类和市场表现。不同的代糖产品在市场上的表现可能会有所不同，有些产品可能市场需求很大，还有些产品则可能表现平平。你可以总结出哪些产品在市场上表现最好，以及它们的特点和优势，从而为读者提供关于市场方向的参考。

主要的生产商及其经营策略。全球的代糖生产商可能有很多，他们的生产、市场等经营策略可能各不相同。你可以在总结中提一些具有代表性的生产商以及他们的经营策略，为读者提供有价值的行业参考。

行业的挑战和机遇。任何行业都有其面临的挑战和机遇。你可以总结代糖行业目前面临的主要挑战，如市场竞争、原料供应等，以及可能的机遇，如技术进步、新的消费需求等。

在这些总结中，你不仅可以提供事实和数据，还可以提供自己的观点和分析。这种混合使用事实和观点的方式，可以使你的文章更加丰富和有深度，同时也能提供给读者更多的信息和启示。

总之，总结这篇文章价值的目的，是让读者在读完文章后，能够对代糖行业有一个深入了解，并全面知晓这个行业的现状、发展、挑战、机遇等。这样，你的这篇文章就能真正产生影响力，满足广大读者的需求，并在众多的文章中脱颖而出。

另一方面，写作者可以借助 ChatGPT 的力量，在文章结尾部分给出一系列预言。这样不仅可以更加鲜明地表达自己的立场，还能让读者因为关注预言中结论的来源而更细致地阅读全文。比如下面这个例子。

输入问题： 你是一位新媒体写作专家。我想写一篇讲述物联网行业一家知名企业的创业故事的文章。请介绍一下，我在总结了这家知名企业的成功创业经验后，在文章结尾处应该再给出哪些方面的预言。

ChatGPT： 在总结了物联网行业一家知名企业的成功创业经验后，我建议你可以从以下几个方面提出预言。

行业发展趋势：物联网作为科技领域的热门话题，其发展趋势将直接影响这家企业的未来。你可以预测一下物联网行业在未来几年内可能会呈现哪些新的趋势，比如，物联网设备的普及率将如何变化，又如，低功耗广域网络技术等新的物联网技术可能会为整个行业带来哪些变革。这些预测可以帮助读者更好地理解这家企业可能面临的挑战和机遇。

企业发展方向：在对这家企业的创业经验进行总结后，你可能已经对这家企业的核心竞争力展开深入的介绍。你可以基于现有的介绍，对这家企业的未来发展方向进行预测。比如，这家企业可能会在哪些新的应用领域进行拓展，又如，这家企业将如何利用其在物联网行业的领先优势进一步提高市场份额。这些预测可以帮助读者更好地理解这家企业未来的发展策略。

竞争态势：物联网行业的竞争态势也是一个值得关注的问题。你可以预测一下，这家企业在未来的竞争环境中可能会面临哪些新的挑战，以及新进入者可能会从哪些方面对这家企业构成威胁。这些预测可以帮助读者更好地理解这家公司需要应对的竞争压力。

对人们生活的影响：除了对这家企业自身和行业的发展进行预测，你还可以从更广阔的角度，探讨这家企业的成功对人们的生活可能会产生哪些影响。比如，物联网技术的发展将如何改变人们的生活和工作方式，又如，这家企业的成功是否会促进更多的创新和创业活动。这些预测可以帮助读者更好地理解这家公司对行业的价值。

在文末提出以上这些预言，旨在帮助读者从多个角度去理解和思考这家企业以及这个行业的未来。这种多角度的分析和预测，不仅可以激发读者的思考，还能够增加文章的深度和广度，使文章的价值更为凸显。

5.2.3 表达真挚情感

表达真挚情感是借助 ChatGPT 写出令人回味的结尾的第三种策略。

在文章的结尾部分表达真挚情感，是一种强有力的拉近写作者与读者距离的方式。当写作者毫无保留地将自己的情感注入文章中时，无论是喜悦、痛苦还是悲伤，这些真挚的情感都会在读者的内心引发共鸣，让读者在理解写作者观点的同时，也能感受到写作者的情绪变化。这种深度的情感交流，使文章超越了单纯的信息分享。读者在阅读结束后，很可能依然会回味那些深藏在文字背后的情感。比如下面这个例子。

输入问题： 你是一位新媒体写作专家。我想写一篇为自己十岁的女儿庆祝生日、表达对她的祝福与爱的文章。请介绍一下，你觉得哪一句表达真挚情感的电影台词适合放在我这篇文章的结尾。

ChatGPT： 这是一个非常美好的主题，我认为经典电影《当幸福来敲门》中的台词"如果你有梦想，就要守护它"是极其适合用于你这篇文章的结尾的。以下是这句饱含真挚情感的电影台词适合放在文章结尾处的理由。

首先，这句台词来自电影《当幸福来敲门》，这部电影的主题与你的文章主题有高度的相似性。这部电影讲述的是一个父亲为了实现自己的梦想，克服了各种困难，最终取得成功的故事。这与你对女儿的期望和你在文章中传达的信息是一致的。

其次，这句台词强调了梦想的重要性。对刚刚十岁的孩子来说，梦想可以成为他们成长道路上的指引，帮助他们寻找和发现生活的更多可能性。对你的女儿来说，无论她的梦想是成为一位科学家、艺术家、运动员还是其他任何她希望追求的职业，你都希望她能够积极地去守护和追求这个梦想。你希望她知道，只要她敢于追求，总有一天她会实现自己的梦想。这个信息是非常积极和鼓舞人心的，能够引导你的女儿有一个正确的人生观，也是你作为家长最希望教给孩子的道理。

再次，这句台词在文章的结尾部分能起到强化你的观点和提升文章情感层次的作用。在这篇庆祝生日的文章中，你不仅仅是在表达对女儿的祝福，同时也在向她传达一种生活的态度和价值观。而将这句台词作为文章的结尾，不仅能使你的观点更加深入人心，同时也能使你的文章情感层次得以提升，使得读者在阅读完你的文章后，更能体会到你对女儿深深的祝福和期望。

另外，这句台词还具有一种为未来定调的作用。对于一个刚刚步入十岁的孩子来说，她可能还无法完全理解这句话的含义。但随着时间的推移，当她渐渐长大，开始理解和接受这个世界的时候，她会渐渐明白这句话的含义，知道家长为什么要在自己十岁生日的时候，对自己说出这样的一句话。

不仅如此，使用这样一句富有影响力的电影台词，还可以增强你文章的整体质感和韵律感。读者在阅读完你的文章后，看到这样一句熟悉而又深情的话语时，无疑会对文章观点产生强烈的共鸣，从而更能感受到你对女儿的深深爱意。因此，这样做能够使你的文章更具感染力和影响力，让读者在阅读过程中能有更深的体验和感悟。

最后，这句台词还能起到升华文章立意的作用。在这篇文章中，你肯定会写出许多美好的词句和深情的故事，来表达你对女儿深深的爱和对她未来的期盼。当读者阅读到文末的"如果你有梦想，就要守护它"这句台词时，他们会明白，这不仅仅是你对女儿的期盼，也是你对所有人的期盼。你希望她，同时也希望每个人都能有自己的梦想，勇敢地去追求和守护它。

可见，把"如果你有梦想，就要守护它"这句经典台词放在你这篇文章的结尾，是非常恰当和意味深长的。它既能鼓舞你的女儿勇敢追求自己的梦想，也能展现你对她的深深祝福和期待，同时还能让读者在阅读完这篇文章后，对你的情感和观点有更深的理解和感受。这是一种非常有效的写作技巧，可以使你的文章更加生动，也更有深度。

在提示词的引导下，ChatGPT 给出了很有参考价值的建议。而在 ChatGPT 关于为什么选择这句深情的电影台词的论述中，我们无疑能从中获得诸多灵感，由此撰写出更能吐露心声、也更令人回味的结尾。

5.2.4 探讨哲理思考

探讨哲理思考是借助 ChatGPT 写出令人回味的结尾的第四种策略。

在 ChatGPT 的助力下将哲理思考写进文章结尾，是一种深化文章内涵、增加文章教育意义的明智策略。

与只是流于表面的描述和叙述相比，探讨哲理思考可以引导读者走入深沉的思想世界，激发读者对人生和大自然的反思和洞察。

引入哲理性思考的文章，通常具有更高的教育意义。文章中的深度洞察，可以启发读者对自我、家庭以及世界的深层次理解，从而达到启蒙教育的效果。这种教育意义，使文章的结尾更加引人深思，也使读者在阅读结束后，仍然能够对文章进行回味和深入的思考。比如下面这个例子。

输入问题： 你是一位哲学教授。我是一位建筑设计师，想写一篇深入介绍包豪斯风格的文章。请问在这篇文章的结尾处，适合延伸开来探讨哪些哲理思考？

ChatGPT： 作为一位建筑设计师，您对包豪斯风格的介绍无疑会让读者对这种设计理念有全面的了解。在文章的结尾处，如果能够将包豪斯的设计理念和哲学思考相结合，将会使读者有更深的思考和理解。以下是一些适合在这篇文章结尾处延伸开来探讨的哲学思想和哲学家。

波普尔：波普尔的科学哲学观念可以对包豪斯风格进行阐释。他的"可证伪性"原则就像是包豪斯风格对新材料和新技术的不断尝试，包豪斯设计理念追求的是实验性和创新性，这恰恰符合波普尔关于科学进步的观点。引入波普尔的思想，可以进一步探讨建筑设计的实验性，对建筑材料和技术的开放性，以及建筑设计如何推动科学和技术的发展。

哈贝马斯：哈贝马斯的沟通行动理论也可以用来理解包豪斯风格。哈贝马斯认为，有效的沟通是理解和解决问题的关键。这与包豪斯风格追求的设计理念是一致的。包豪斯设计强调的是建筑物与人，人与人之间的沟通和交流，追求的是建筑空间的开放性和流动性。在文章的结尾处引入哈贝马斯的沟通行动理论，可以让读者思考建筑设计如何促进人与人之间的沟通，以及建筑设计如何构建更好的社群关系。

康德：康德的思想可以从哲学的角度提供对包豪斯风格的一种理解。康德的哲学认为，人的理性并不仅仅是对事物的认识，还包括创造事物，这与包豪斯风格的创新性有很大的关联。包豪斯设计理念强调设计师需要有创新的精神和勇气，要敢于打破传统，这正是康德所主张的"敢于知道"。康德的这种思想可以使读者思考设计的创新性与人的理性之间的联系。

德勒兹：德勒兹的哲学强调变动和创新，这与包豪斯风格的创新精神相吻合。包豪斯风格强调对于新材料、新技术、新方法的持续探索，而这恰好印证了德勒兹的任何实体都在不断变动之中的观点。在文章的结尾处引入德勒兹的哲学，可以引导读者思考建筑设计如何在不断变动的环境中进行创新。

帕斯卡尔：帕斯卡尔的哲学观点可以提供一个理解包豪斯风格的角度。帕斯卡尔强调人性的两面性：人既有理性的一面，也有感性的一面。这与包豪斯风格的设计理念相吻合。包豪斯设计既追求功能性，也追求美感，既强调理性的分析，也注重感性的体验。在文章的结尾引入帕斯卡尔的思想，可以帮助读者更全面地理解包豪斯风格的设计理念，也可以促使读者思考建筑设计如何在满足功能性的同时，也满足人的感性需求。

休谟：休谟的经验主义哲学思想与包豪斯风格的实用主义理念有一定的契合。休谟强调经验的重要性，认为知识来源于经验。这与包豪斯风格强调实践、重视实验的设计方法论有一定的相似之处。引入休谟的经验主义哲学，可以帮助读者更好地理解包豪斯风格设计师们如何通过实践来获取知识，并在此基础上进行设计。

海德格尔：海德格尔的存在主义哲学为理解包豪斯风格提供了一个新的视角。海德格尔的存在主义哲学强调存在的重要性，这与包豪斯风格强调实用主义，主张设计需要基于实际的存在状况有一定的相似性。引入海德格尔的存在主义哲学，可以让读者深入思考包豪斯风格如何通过强调实用主义，关注存在的状况，从而实现为实际存在而服务的设计理念。

柏格森：柏格森的直觉主义思想中的创新和直观的观念，对于理解包豪斯的设计方法论提供了一个有趣的视角。柏格森认为，真实的知识来自直观的洞察，这与包豪斯风格注重实践、强调设计者需要直观理解材料和工艺的特性有一定的契合。引入柏格森的观点，可以使读者对包豪斯风格的实践性和直观性有更深的理解。

我们发现，根据所撰文章侧重点的不同，上述哲学家们的不少理念可以分别用在多个不同议题的文末总结之处。通过探讨哲学家们的精彩观点，我们不仅能够丰富文章对包豪斯风格的阐述，还能够使文章更富有教育意义，从而引发读者对包豪斯风格乃至建筑艺术的深度思考。

📎 5.2.5 运用反转

运用反转是借助 ChatGPT 写出令人回味的结尾的第五种策略。

通过 ChatGPT 的回答写出令人惊奇的反转式结尾，常常能为读者带来出乎意料的惊喜。文章的反转，会打破读者的预期，这种出其不意的瞬间，能够使读者产生强烈的情感反应，从而强化读者对文章的记忆。通过这种策略，作者可以构建与读者更深层次的联系。即使读者在读完文章之后，这个反转仍会在他们的脑海中徘徊，令他们不断回味。

一方面，写作者可以在文章的结尾处给出人们预料之中的反转。读者虽然在阅读过程中就能意识到可能发生的反转，但当反转真正发生时，反转带来的惊喜仍会让人感到愉悦。比如下面这个例子。

> **输入问题：** 你是一位新媒体写作专家。我需要为一套关于快速阅读的教学工具撰写用于宣传的文章，想在文章中写一位高中生因阅读速度太慢而严重耽误了学习的故事。你觉得在文章的结尾处应该让故事有怎样的发展，才能让结尾更令人回味。

> **ChatGPT：** 在撰写这篇文章时，在文章结尾处运用反转可以使文章更具吸引力和说服力。首先，你需要为读者描绘出这位高中生阅读速度慢，浪费大量时间，以及他和他的家庭为此所承受的压力和困扰。然后，在文章的结尾部分，你可以讲述他如何通过使用我们的快速阅读工具，成功改变了自己的阅读速度，从而使他的生活发生了积极的改变。
>
> 这个故事的反转之处在于，虽然我们在前面的故事中看到了这位高中生因为阅读速度慢而面临的困境，但是在文章的结尾部分，我们却看到他不仅成功地解决了这个问题，还改变了自己与周围人的生活。这种反转，让读者在看到这位高中生面临困境的同时，也看到了我们的快速阅读工具不仅能帮助用户提高阅读速度，还可以激发读者的兴趣，让他们对我们的快速阅读工具产生认可。
>
> 以下是一个可能的结尾故事。
>
> 在这位高中生开始使用我们的快速阅读工具之后，他的阅读速度大幅提升，这让他有了更多的空闲时间。然而令人惊讶的是，他并没有像以前一样将这些

空闲时间用于玩乐，而是投入其他兴趣爱好中，如学习钢琴和编程，甚至开始参加各种社会活动和公益项目。他成为一位既考取了知名大学、又在个人兴趣领域多元化发展的优秀青年。他的转变让全家人感到惊喜。他的父母发现他变得更加成熟和有责任感，他的弟弟也开始向他学习，全家人的生活氛围变得更加和谐。他的母亲激动地说："这套快速阅读工具不仅改变了我的孩子，也改变了我们全家的氛围，我们更加期待孩子未来的美好生活。"

这个结尾告诉读者，快速阅读的真正价值并不仅仅在于提高阅读速度，更在于它带来的时间管理能力和对生活状态的改变。它使文中的这位高中生有了更多时间去探索和发展自己的兴趣，同时也让他意识到，自己可以主导自己的生活和时间。这个故事的反转虽然没有出乎读者的预料，但它增强了读者对我们快速阅读工具的欣赏程度，激发了读者进一步了解的想法。

另一方面，写作者可以在文章的结尾处给出人们预料之外的反转。这种反转是一种富有创意的叙事方式。它可以提升文章的创新性，让读者在阅读过程中获得全新的阅读体验，增强文章的阅读价值。比如下面这个例子。

输入问题：你是一位专业作家。我正在撰写一篇关于自我成长的小说，在作品的开头部分，身为高中生的男主人公一直被学校里的"坏孩子"欺负。请问这篇小说应该如何结尾，才能起到剧情大反转令人难忘的效果。

⊛ **ChatGPT：**好的，我建议这篇小说的结尾可以写以下内容。

在一次次的逆境中，男主人公意识到他不能改变别人的想法，唯一能做的就是改变自己。他开始锻炼身体，专注于学习，并找到了自己的真正兴趣，那就是绘画。绘画不仅是男主人公的热情所在，更是他表达自我和治愈自我的方式。他将自己的经历、情感以及对世界的理解全部注入他的作品中。他的作品充满了灵性，每一笔、每一块色彩都饱含着他对生活的独特理解和深厚感情。故事的最后，那些欺负过他的人当然得到了应有的惩罚，但这不是重点，真正的重点是男主人公凭借自己的绘画才华赢得了一场全球性的艺术比赛，从而获得了欧洲一所知名艺术学院的录取通知书与高额奖学金。

　　这个结尾打破了传统的"弱者反击强者"的故事模式。男主人公通过自我成长和坚持梦想，而不是通过直接对抗获得了最终的胜利。

　　这个意外的反转，可以使读者对男主人公的成长过程产生更深的共鸣。读者能够感受到男主人公对自我价值的坚守和自我改变的决心，从而有了更深的情感投入。

　　此外，它也提醒我们，成功不一定非要通过击败对手才能实现，更重要的是自我成长和发现自我价值。这样的结尾，充满了鼓舞人心的力量，也给读者留下了深刻的印象，能够鼓励读者，在面对困难时要找到自己的价值，坚守自己的梦想。

5.2.6　回顾初心

　　回顾初心是借助 ChatGPT 写出令人回味的结尾的第六种策略。

　　通过在结尾处回顾初心，写作者可以在文章中更完善地展现主题。回顾初心的策略，可以使文章在找寻原点的过程中进行深入思考和总结，从而为读者提供一个全面理解文章主题的机会。它如同一个精心设计的回环，将读者从开头引导至结尾，再由结尾引导回到开头，从而达到全面、深入地探讨主题的效果。比如下面这个例子。

　　输入问题：你是一位新媒体写作专家。我需要写一篇细致分析保时捷的产品特色与其在汽车行业的发展前景的文章。请问，如果我想写一个回顾初心式的结尾，那么我在文章结尾处可以写哪些内容？

　　ChatGPT：好的，在撰写这篇文章时，你可以在文章结尾处回顾公司创始人费迪南德·保时捷对于汽车行业发展史的巨大贡献和他创立公司的初心，理由有以下几点。

　　增强历史纵深感：保时捷作为全球知名汽车品牌，其品牌故事、产品历史和费迪南德·保时捷的创业初衷构成了品牌的独特魅力。通过在文章结尾处回顾这位公司创始人的初心和他对汽车行业的贡献，可以展现保时捷品牌深厚的历史底蕴，使读者感受到保时捷是一个蕴含了众多传奇故事、长期坚守匠心精神的品牌。

塑造共享视界：在我们理解和讨论一个品牌或公司时，共享的视界十分重要。回顾保时捷创始人的初心和贡献，可以为读者和自己提供一个共享的视界，即你们都站在了保时捷历史的角度上来观察和分析它的未来。这种视角不仅可以提供更全面的视野，同时也能加深读者对于保时捷的认识。

指明发展方向：在分析保时捷的发展前景时，回顾这位公司创始人的初心和他对汽车行业的贡献，可以更好地指明保时捷的发展方向。就像费迪南德·保时捷的初心指引了保时捷早期的发展一样，这些价值观和初心对于指明保时捷未来的发展同样具有重要作用。这些原则和理念可以作为评估保时捷未来产品和战略方向的一个准则，从而为读者提供一种全新的角度来理解和评估保时捷的未来发展。

强化品牌形象：保时捷品牌的形象不仅仅是高性能、精良制造的汽车，更是对汽车工艺的热爱和对创新的追求。在文章结尾处回顾这位公司创始人的初心和贡献，可以展示保时捷的品牌精神，让读者了解到保时捷在不断追求极致体验和技术创新的过程中，始终坚守的初心，从而强化品牌形象。

提升文章深度：在文章结尾处回顾这位公司创始人的贡献和初心，可以将文章的分析深度提升到新的层次。这样的结尾不仅可以分析保时捷的产品特色和未来发展，还可以引出文章对于汽车行业的整体发展，尤其是对于豪华汽车市场发展的深入思考。

建立深度联系：通过回顾这位公司创始人的初心和贡献，文章可以建立起读者与保时捷之间的深度联系。读者会意识到，保时捷不仅是一家生产豪华汽车的公司，还是一个有着深厚历史底蕴和独特文化的组织。这种深度联系将使读者对保时捷的品牌有更深的了解和认同。

提高文章的说服力：通过在文章结尾处引述这位公司创始人的初心和他对汽车行业的贡献，文章的结论或预测会更具有参考价值。读者会明白，这些观点不仅是基于对现状的观察和对未来的预测，还是根据保时捷的历史和文化背景得出的。这种有深度和全面性的分析，可以大大提高文章的说服力。

赋予文章灵魂：任何一篇优秀的文章，都需要有它的灵魂。在文章结尾处回顾费迪南德·保时捷的初心和他对汽车行业的贡献，就是给这篇文章注入了灵魂。这个灵魂不仅来自保时捷的历史，更来自这位公司创始人对于保时捷的理解和感情。这将使文章更具生命力，更能引发读者的共鸣。

　　扩展议题范围：通过回顾这位公司创始人的初心和贡献，文章可以从保时捷的产品特色和未来发展这个主题，扩展出更多的议题，如企业文化的影响、汽车行业的历史发展、创新对于企业发展的重要性等，这将使文章内容更加丰富和有深度。

　　当这篇文章如同ChatGPT所建议的那样，在文章结尾处回顾了保时捷公司创始人投身汽车行业、创立品牌的初心，那么，读者将能够从字里行间看见一百多年前汽车工业刚刚诞生时诸位先贤挥洒汗水、醉心科研时的景象。这样的结尾，不仅令人心生震撼，也令人眼眶湿润。

　　一个优秀的结尾，就像是一次完美的谢幕，它会给读者留下不可磨灭的印象，让读者对文章的内容有更深的理解和记忆。由此，在ChatGPT的助力下精心设计令人回味的结尾，值得成为我们高度关注的一项重要能力。通过在文章结尾处总结全篇、强调重点、指引未来，我们的文章将能够为读者带来更多价值，赢得读者发自内心的认可。

5.3 ｜ 写出画龙点睛的金句的5种方法

　　如何借助ChatGPT的力量创作出更多的金句？通过了解要点强调法、重新定义法、因果分析法、余韵悠长法以及创意类比法这5种方法，我们将全面掌握撰写金句的方法，从而在未来的写作中更好地运用金句为文章增光添彩。

5.3.1　要点强调法

　　金句，是指那些富有洞见、具有深刻含义和重要观点的佳句。金句有五个重要特征，分别是强调文章思想的重点、富有启发性、富有逻辑性、富有回味性和富有象征性。在一篇文章里，金句就像是散落其中的亮丽珍珠，能够迅速吸引读者的目光，让他们对写作者的内容与观点产生浓厚兴趣。

要创作这样的佳句，自然是颇为不易。无论是贾岛的"两句三年得，一吟双泪流"，还是卢延让的"吟安一个字，捻断数茎须"，都无不表明，杰出写作者对于金子般珍贵的佳句的不懈追求。

在ChatGPT"飞入寻常百姓家"的今天，我们完全可以结合金句的五个重要特征，让ChatGPT在提示词的引导下为我们贡献一系列创作灵感。

金句的第一个重要特征，是强调文章思想的重点。由此，我们可以在ChatGPT的助力下，运用要点强调法来撰写这类金句。

所有的句式与结构，都是为文章的中心思想服务的。因此，闪耀着独特文字魅力的金句，也应该服务于强调文章的主题和中心思想。这就像一部优秀的科幻电影，其精心设计的特效，并非仅仅为了炫技，还为了更好地表达故事的主题和情感。

正所谓"重要的事需要重复三遍"，要点强调法，就是创作金句的一个有效技巧。所以，我们可以让ChatGPT聚焦于文章的要点，采用"不是……而是……"的句式，提供撰写金句的素材。

当然，这就像让ChatGPT为我们提供参考标题一样，我们也应该提示ChatGPT给出尽可能多的备选项。只有将写作者发现美的慧眼与ChatGPT本身庞大的资源库相结合，我们才能采撷更多语言的珍珠。比如下面这个例子。

输入问题：你是一位新媒体写作专家。请根据我给出的用于强调重点的句式，写出 20 个金句：我们一路奋战，不是为了改变世界，而是为了不被世界改变。

---

⑥ **ChatGPT**：好的，以下是我为你写出的 20 个金句。

我们一路分析，不是为了改变数据，而是为了不被数据改变。

> 我们一路阅读，不是为了改变文字，而是为了不被文字改变。
> 我们一路创新，不是为了改变规则，而是为了不被规则改变。
> 我们一路选择，不是为了定义生活，而是为了不被生活定义。
> 我们一路尝试，不是为了改变结果，而是为了不被结果改变。
> 我们一路成长，不是为了改变自我，而是为了不被自我改变。
> 我们一路冒险，不是为了征服未知，而是为了不被未知征服。
> 我们一路教育，不是为了改变他人，而是为了不被他人改变。
> 我们一路创作，不是为了改变艺术，而是为了不被艺术改变。
> 我们一路编程，不是为了控制机器，而是为了不被机器控制。
> 我们一路设计，不是为了塑造世界，而是为了不被世界塑造。
> 我们一路学习，不是为了改变知识，而是为了不被知识改变。
> 我们一路工作，不是为了改变职业，而是为了不被职业改变。
> 我们一路交流，不是为了改变语言，而是为了不被语言改变。
> 我们一路建设，不是为了改变城市，而是为了不被城市改变。
> 我们一路摄影，不是为了改变影像，而是为了不被影像改变。
> 我们一路投资，不是为了改变财富，而是为了不被财富改变。
> 我们一路倾听，不是为了改变声音，而是为了不被声音改变。
> 我们一路舞动，不是为了改变节奏，而是为了不被节奏改变。
> 我们一路陪伴，不是为了改变孤独，而是为了不被孤独改变。

细读之下，ChatGPT 回答的这些语句，有相当一部分能作为给文章带来画龙点睛效果的金句。

比如，当一篇叙述创业者纵然被行业陈规的荆棘弄到遍体鳞伤，仍然拼搏向前，最终为行业带来颠覆性创新的传记文章，在结尾处写上"我们一路创新，不是为了改变规则，而是为了不被规则改变"，是否能瞬间让人眼前一亮？

又如，当一篇论述在数字化转型中，要变的是企业的业务流程，不变的是企业真正以客户为中心的决策机制的"干货"文章，在结尾处写上"我们一路分析，不是为了改变数据，而是为了不被数据改变"，是否立刻让人点头称赞？

由此我们也可以相信，只要提示词设置得合理而有针对性，那么，ChatGPT 给出的回答很可能就是令人惊喜的。

5.3.2 重新定义法

富有启发性，是金句的第二个重要特征。我们可以在 ChatGPT 的助力下，运用重新定义法来撰写这类金句。

在社交媒体上，人们喜欢分享那些富有思想和哲理的语句。一个优秀的金句，是值得被读者分享到他们的社交网络，从而引发更广泛讨论和关注的。可见，金句也能让写作者的观点和文章在更大范围内传播，从而拥有更广泛的影响力。

显而易见，相比老调重弹，肯定是推陈出新更让人耳目一新。我们可以为熟悉的事物，赋予合理的全新定义，并将之概括为新的金句。在我们用重新定义法创作金句时，ChatGPT 可以为我们高效提供灵感，帮助我们更快地找到想要表达的金句。比如下面这个例子。

> **输入问题：**你是一位新媒体写作专家。请根据我给出的句式，用重新定义的方法，写出 20 个金句：人们之所以赞美流星，是因为它燃烧着走完自己的全程。

> **ChatGPT：**好的，这是我为你写出的 20 个金句。
> 人们之所以喜爱晨曦，是因为它在黎明的曙光中唤醒了世界的可能性。
> 人们之所以尊敬建筑师，是因为他们在石头和水泥之中，塑造出人类的梦想。
> 人们之所以敬仰骄阳，是因为它在无尽的天空中自由地燃烧，永不言败。
> 人们之所以爱慕音乐，是因为它在激荡的旋律中，表达了生命的丰富。
> 人们之所以欣赏莲花，是因为它在淤泥中开出洁白，保持自己的纯净。
> 人们之所以崇尚探险者，是因为他们在未知的旅程中，勇敢地绽放自己的生命。
> 人们之所以欣赏雪花，是因为它在寒冷中飘舞，显现自己的优雅。

> 人们之所以敬仰石头，是因为它在岁月的打磨中，依旧保持坚硬的本质。
>
> 人们之所以欣赏森林，是因为它在自然的循环中，尽显生命的旺盛。
>
> 人们之所以敬爱母亲，是因为她在辛勤付出中，展示了无私的爱。
>
> 人们之所以欣赏星辰，是因为它们在寂静的宇宙中，点亮了我们的探索之路。
>
> 人们之所以尊敬园丁，是因为他们在季节的轮回中，用爱心呵护每一个生命。
>
> 人们之所以尊敬智者，是因为他们在生活的琐碎中，点亮智慧的光芒。
>
> 人们之所以欣赏月亮，是因为它在寂静的夜晚中，静静照亮黑暗。
>
> 人们之所以尊重教师，是因为他们在教育的田野上，用知识的火种照亮了未来。
>
> 人们之所以欣赏独木舟，是因为它在波涛之中，靠着坚韧和毅力前行。
>
> 人们之所以尊重老人，是因为他们在岁月的积累中，表现出了坚韧和智慧。
>
> 人们之所以赞美彩虹，是因为它在短暂的出现中，赋予了天空绚烂的色彩。
>
> 人们之所以热爱音乐家，是因为他们在旋律中倾注自己的生命，让世界为之动容。
>
> 人们之所以欣赏瓷器，是因为它在烈火的烧炼中，展现出了卓越的坚韧。

可以看出，ChatGPT 供我们参考的金句质量颇高，甚至还有"人们之所以尊敬建筑师，是因为他们在石头和水泥之中，塑造出人类的梦想"这样的佳句。

如果我们对 ChatGPT 回答中的某一句感兴趣，希望 ChatGPT 多提供一些参考，我们也可以输入相应提示词进行追问，让 ChatGPT 做出一些延伸的补充。比如下面这个例子。

> **输入问题:** 请用"人们之所以赞美流星，是因为它燃烧着走完自己的全程"的句式，用重新定义的方法，为"人们之所以赞美彩虹，是因为"续写 10 个金句。

> ⑥ ChatGPT: 当然，这是我为你写出的 10 个金句。
>
> 人们之所以赞美彩虹，是因为它涌动在雨后的天空，编织了一幅美丽的

画卷。

> 人们之所以赞美彩虹，是因为它洒落在风雨之后的天地，留下了永恒的印记。
>
> 人们之所以赞美彩虹，是因为它穿越云层将天空与大地连接，诠释了梦想的多样性和无限可能。
>
> 人们之所以赞美彩虹，是因为它反射阳光，描绘出生命的色彩斑斓。
>
> 人们之所以赞美彩虹，是因为它立足于风雨之后，成就了无与伦比的奇观。
>
> 人们之所以赞美彩虹，是因为它横亘于天地之间，成为希望与梦想的象征。
>
> 人们之所以赞美彩虹，是因为它贯穿于蓝天与大地之间，描绘出生活的缤纷。
>
> 人们之所以赞美彩虹，是因为它悬浮于云端，成就了无与伦比的景色。
>
> 人们之所以赞美彩虹，是因为它闪烁在雨后的天空，燃起了内心的希望。
>
> 人们之所以赞美彩虹，是因为它跨越天空的界限，赋予了世界色彩的诗意。

若我们正在叙述一些毫不利己、专门利人的自我奉献型英雄人物，那么"人们之所以赞美彩虹，是因为它反射阳光，描绘出生命的色彩斑斓"这样的描述，不正是它们一生的鲜活写照？这就是 ChatGPT 为我们构思金句起到的重要助力作用。

5.3.3 因果分析法

金句的第三个重要特征，是富有逻辑性。我们可以在 ChatGPT 的助力下，运用因果分析法来撰写这类金句。

一方面，逻辑性强的金句是易于理解的。一句思路清晰的金句，能让读者容易理解其含义。富有逻辑性的金句，可以帮助读者迅速抓住句子的核心，理解其要传达的信息。

另一方面，逻辑性强的金句也是有深度的。富有逻辑性的金句往往能够展现写作者深度思考的智慧成果。这些句子不仅是表面的观点或者陈述，而且是有深入探究的见解。这类更具深度和洞见的金句，可以提升整篇文章的质量。

我们可以在 ChatGPT 的帮助下，采用因果分析法创作金句。比如下面这个例子。

输入问题： 你是一位新媒体写作专家。请根据我给出的分析因果关系的句子，写出 20 个金句：因为梦想有一天，既能朝九晚五又能浪迹天涯，所以开始打造被动收入。

---

⑥ **ChatGPT：** 好的，以下是我为你写出的 20 个金句。

因为梦想有一天，既能沉醉于艺术的世界又能应对现实的挑战，所以开始学习多元技能。

因为梦想有一天，既能享受都市的繁华又能拥抱乡村的宁静，所以开始规划生活的蓝图。

因为梦想有一天，既能拥有财富带来的安全感又能拥有身心的自由，所以开始储蓄和投资。

因为梦想有一天，既能改变世界又能保护环境，所以开始致力于绿色科技创新。

因为梦想有一天，既能理解复杂的科学理论又能掌握实用的生活技能，所以开始均衡学习理论知识和实践技能。

因为梦想有一天，既能享受孤独的独立又能感受团体的温暖，所以开始学习社交与自我独处的技巧。

因为梦想有一天，既能在数字世界里自如驾驭又能在现实世界中感同身受，所以开始学习数字化技能与人文知识。

因为梦想有一天，既能享受单身的自由又能体验恋爱的甜蜜，所以开始探索自我并学习处理人际关系。

因为梦想有一天，既能应对快速的时代变革又能把握悠长的人生篇章，所以开始训练灵活的思维和沉稳的心态。

因为梦想有一天，既能享受人生的欢乐又能面对生活的困难，所以开始学习坚忍不拔和乐观开朗。

因为梦想有一天，既能享受现代文明的便利又能体验古代文化的魅力，所以开始探索时代交融的意义。

因为梦想有一天，既能领略大山大海的壮美又能拥抱小巷小路的温馨，所以开始计划旅行与生活的结合。

因为梦想有一天，既能拥有广阔的世界观又能守住内心的温暖，所以开始挑战边界，也保护内心的宁静。

因为梦想有一天，既能在繁华都市打拼又能在静谧乡野放松，所以开始调整生活步调，寻找平衡。

因为梦想有一天，既能了解生活的琐碎细节又能把握人生的大方向，所以开始思考生活哲学，锤炼人生智慧。

因为梦想有一天，既能高效解决工作问题又能深度享受生活乐趣，所以开始学习时间管理和生活艺术。

因为梦想有一天，既能掌握现代技术又能熟悉古代文化，所以开始广泛阅读。

因为梦想有一天，既能在面对生活的挑战时毫无畏惧又能在享受生活的平淡时无比宁静，所以开始锻炼勇气和珍视平凡。

因为梦想有一天，既能在白天做个勤奋的人，又能在夜晚做个安静的梦，所以开始调整工作与休息的节奏。

因为梦想有一天，既能站在历史的丰碑前叹为观止又能坐在生活的角落里悠然自得，所以开始研究历史并享受简单生活。

可以看出，像"因为梦想有一天，既能享受单身的自由又能体验恋爱的甜蜜，所以开始探索自我并学习处理人际关系"这类金句，正适合放在自我成长类文章的开篇。在给出富有逻辑性的金句方面，ChatGPT 的功能也是强大的。

5.3.4 余韵悠长法

富有回味性是金句的第四个重要特征。我们可以在 ChatGPT 的助力下，运用余韵悠长法来撰写这类金句。

掩上书卷后，那些仍能深深留在读者心中并产生持久影响力的，才无愧为优秀的金句。这就要求金句蕴含饱满的情绪，能够触动人们的心弦，引发人们发自内心的共鸣。只有这种来自心灵深处的同频共振，才能让人对文字所表达的内容产生深层次的记忆和情感联结。

由于问句往往以引导性的疑问形式呈现，相对更容易激发人们的思考、探究和感悟，所以，符合余韵悠长法的金句通常是问句。苹果公司联合创始人史蒂夫·乔布斯在说服百事公司原总裁约翰·斯卡利加入苹果时，就说出过这样一个金句。

在 20 世纪 80 年代初期，苹果公司还只是一家取得了一定成就的创业公司，远不是今天这样的全球性科技巨头。要想让一家世界 500 强企业的总裁加入这样的公司，难度可想而知。事实上，斯卡利就曾用"我真的很愿意成为你的顾问，为你提供一切我可以提供的帮助，因为你是我遇到过的最好的人，但我不想去苹果工作，无论薪水多高"的说辞，婉言拒绝过乔布斯的邀请。

于是，乔布斯向斯卡利说出了那个问句："你是想一辈子卖糖水还是想和我一起改变世界？"

根据斯卡利后来在采访中的回忆，这句话让斯卡利"有了触电般的感觉"。的确，对于一位世界 500 强企业的总裁而言，再高的薪水、再奢华的办公室，又哪里比得上将世界变得更美好的成就感与责任感？因此，这个余韵悠长的金句，顺利为苹果公司带来了一位世界级营销人才。

在写作余韵悠长的金句方面，我们依然可以借助 ChatGPT 的力量。作为一个功能强大的语言模型，ChatGPT 可以带来丰富多样的词汇选择和修辞手法，从而帮助写作者创造出更令人回味的金句。比如下面这个例子。

> **输入问题：** 你是一位新媒体写作专家。请根据我给出的蕴含饱满情绪的问句，写出 20 个金句：你的内容是引导读者踏上求知旅程，还是仅把他们当成一个变现途径？

> ⑤ ChatGPT：好的，以下是我为你写出的 20 个金句。
> 　你的故事是启发他们想象力的火花，还是仅把他们当成一个销售目标？
> 　你的照片是引导他们进入一个全新世界，还是仅把他们当成一些点赞的来源？

你的文章是帮助他们寻找生活的意义，还是仅把他们当成一个流量指标？

你的设计是让他们重新认识美的存在，还是仅把他们当成一种消费者的角色？

你的音乐是让他们感受情感的波动，还是仅把他们当成一种收听率的统计？

你的插画是帮助他们寻找创造力的源泉，还是仅把他们当成一些赞美的对象？

你的演讲是启发他们追求美好的勇气，还是仅把他们当成一种收益的工具？

你的广告是引导他们追寻更好生活的可能，还是仅把他们当成一个销售的途径？

你的课程是帮助他们开启学习的旅程，还是仅把他们当成一种收费的对象？

你的电影是让他们体验不同人生的机会，还是仅把他们当成一些票房的贡献者？

你的应用程序是提升他们生活效率的工具，还是仅把他们当成一种数据的来源？

你的科技产品是帮助他们迈向未来的桥梁，还是仅把他们当成一个市场份额的数字？

你的科普文章是帮助他们启蒙科学之路的灯塔，还是仅把他们当成一个浏览量的计数？

你的心理咨询是引导他们走向内心安宁的指南，还是仅把他们当成一种咨询费的收入？

你的健身教程是引导他们养成健康习惯的助手，还是仅把他们当成一种订阅量的数字？

你的环保文章是唤起他们保护地球的觉醒，还是仅把他们当成一种关注度的来源？

你的电影评价是引导他们品味艺术的灯塔，还是仅把他们当成一些关注量的提供者？

　　你的生活建议是帮助他们改善日常的步骤，还是仅把他们当成一种阅读量的数字？

　　你的商业分析是引导他们理解市场的入口，还是仅把他们当成一种点击量的来源？

　　你的职场指导是帮助他们规划职业生涯的导航，还是仅把他们当成一种收入的工具？

　　这类直抵读者内心深处的发问，无疑可以让读者停下来细细品味文章的每个段落，最终使整篇文章的厚重感和传播度明显提升。今后，在撰写这类金句时，我们理应多多重视 ChatGPT 为我们带来的非凡价值。

5.3.5　创意类比法

　　金句的第五个重要特征是富有象征性。我们可以在 ChatGPT 的助力下，运用创意类比法来撰写这类金句。

　　写作者都希望自己文章中的金句是文章的记忆点和感动来源。成功的金句往往能够深入人心，长久地在读者的记忆中留下痕迹，乃至引发读者的情感共鸣。

　　在创作这类能够充分展示文字艺术美感的金句时，采用创意类比法，是一个行之有效的方法。

　　试想，有哪句描写塞外冰雪奇景的句子，比"忽如一夜春风来，千树万树梨花开"更富想象力？又有哪句描写西湖怡人风光的句子，比"欲把西湖比西子，淡妆浓抹总相宜"更富表现力？

　　在用创意类比法创作金句时，ChatGPT 同样能起到巨大的助力作用。比如下面这个例子。

输入问题：你是一位新媒体写作专家。请根据我给出的句式，用创意类比法写出 20 个金句：三流的文案像凉开水，不管饱，也不解馋；二流的文案像白面馒头，能填饱肚子，但不解馋；一流的文案像猪蹄，有筋有肉，经得住咀嚼，回味无穷。

⑨ ChatGPT: 好的，以下是我为你写出的 20 个金句。

三流的设计像画板，平淡无奇，只供应需；二流的设计像银链，有光泽但缺乏魅力；一流的设计像钻石，独一无二，永恒不衰。

三流的音乐像谈资，易忘且无趣；二流的音乐像流行曲，朗朗上口但不耐听；一流的音乐像交响乐，细节丰富，听之令人感动。

三流的友情像风筝，看似高远却易断线；二流的友情像书信，难得一见但记忆犹新；一流的友情像老酒，越陈越香，长久不渝。

三流的梦想像石头，重负难承，缺乏动力；二流的梦想像羽毛，轻盈飘忽，缺乏方向；一流的梦想像翅膀，振翅高飞，勇往直前。

三流的故事像平凡的日常，平淡无奇；二流的故事像虚构的冒险，刺激但不真实；一流的故事像生活的寓言，动人心魄，令人深思。

三流的团队像沙堆，个体多但凝聚力弱；二流的团队像石头，稳固但缺乏活力；一流的团队像磁铁，相互吸引，力量无穷。

三流的演讲像闹钟，尖锐却易被忽视；二流的演讲像风铃，悦耳但易忘；一流的演讲像交响乐，节奏鲜明，激动人心。

三流的产品像塑料玩具，令人快乐却不持久；二流的产品像玻璃制品，美观但易碎；一流的产品像金砖，坚硬且价值持久。

三流的诗歌像碎银，有光泽却不成形；二流的诗歌像银币，有价值但缺乏深度；一流的诗歌像银饰，精美独特，韵味悠长。

三流的想法像浅水，看似清晰但无深度；二流的想法像溪流，有深度但缺乏广度；一流的想法像大海，深沉且包容，容纳万象。

三流的勇气像烛火，微弱且易消；二流的勇气像火把，燃烧却不持久；一流的勇气像熔岩，热烈且恒久。

三流的慷慨像赠品，无须回报；二流的慷慨像馈赠，暖人心扉；一流的慷慨像雪中送炭，默默付出，不求回报。

三流的毅力像石子，坚硬但易碎；二流的毅力像砖块，结实但缺乏灵活；一流的毅力像钻石，硬度最强，无坚不摧。

三流的热情像烟火，瞬间绚烂；二流的热情像篝火，温暖而持久；一流的热情像阳光，明媚且炙热。

三流的策略像棋子，随机且可替；二流的策略像棋盘，规律但固定；一流的策略像棋手，灵活且深思熟虑。

三流的沟通像单行道，只有一种方式；二流的沟通像双向道，有来有往但有限；一流的沟通像立交桥，多元且高效。

三流的忍耐像弹簧，反弹力弱；二流的忍耐像石头，坚硬但缺乏弹性；一流的忍耐像钢铁，坚韧且耐磨。

三流的创意像火花，短暂且微弱；二流的创意像火焰，持久且明亮；一流的创意像熔岩，深沉且热烈。

三流的决心像泡沫，易碎且虚幻；二流的决心像冰块，坚硬但易融；一流的决心像钢铁，坚韧且持久。

三流的创新像泡沫，短暂且无影；二流的创新像灯泡，亮眼但易熄；一流的创新像灯塔，照亮前路，耀眼世界。

"三流的团队像沙堆，个体多但凝聚力弱；二流的团队像石头，稳固但缺乏活力；一流的团队像磁铁，相互吸引，力量无穷。"我们发现，在提示词的引导下，ChatGPT的智能化处理、生成语言的能力，可以很好地运用在金句的创作中。

由此我们坚信，有了ChatGPT的助力后，不时出现在文章中的画龙点睛、富有创意的金句，将为文章的最终成稿增添触动人心的风景。

5.4 | 持续提升创作水平的3个细节

如何持续提升自己的创作水平？在本节中，通过了解拆解优秀作品、掌握语言规则以及学习跨行业经验这 3 个细节，我们将更全面地了解ChatGPT为写作提供的赋能，从而提升自己的创作水平。

5.4.1 拆解优秀作品

当我们已掌握为一篇文章写出引人入胜的开头、令人回味的结尾以及画龙点睛的金句等技巧后，我们已经具备初步的成稿能力。接下来我们还需要持续提升创作水平，力争让撰写优秀作品成为一种常态。

我们首先要重视的一个细节，就是通过复盘学习经典作品的优点。如同管理学者陈中所说，复盘是我们知识组成的重要来源，也是自己能力提升的重要方式。通过复盘，可以发现新的信息，提出新的假说，总结新的规律，我们可以一步步接近问题的真正解决方法。对所有写作者而言，复盘都是非常重要的，它能够帮助我们回顾与理解写作过程中的得与失，为我们不断提高写作水平指明改进方向。

时至今日，已有多种复盘方式受到广泛应用。而在借助 ChatGPT 提升写作者的创作水平时，最适合采用的复盘方式无疑是用于拆解优秀作品的对标复盘。

对标复盘可以帮助我们了解其他写作者的经典成果，提供明确的改进方向，同时激发我们新的思考和创新。通过对标复盘拆解优秀作品，有助于我们将抽象的理论知识与具体的实践经验相结合，提高我们的创作水平。比如下面这个例子。

输入问题： 你是一位专业作家。我写了一篇探讨阅读的重要性的文章，但对自己的作品不满意，想向同类题材文章中的经典作品学习。请介绍一下，米歇尔·德·蒙田的随笔《论书籍》为什么会被人们视为经典，它的优点有哪些？

ChatGPT： 米歇尔·德·蒙田这位法国文艺复兴时期的杰出哲学家和作家，以其独特的观察力和洞察力，为世人留下了一部部深刻的随笔作品。其中，他的《论书籍》以其深入人心的理念和独到的见解，被誉为描绘阅读重要性的经典之作。在这篇随笔中，他对阅读的热爱、对真理的敬畏以及对阅读的深刻理解，都为读者带来了巨大的价值。

首先，蒙田的写作风格是其作品成为经典的重要因素。他的文笔流畅，语言生动，文中充满了他的个人思考和感悟。他不追求华丽的辞藻，也不做刻意的修饰，而是以最真诚的态度，以最朴素的语言，向读者表达他的思想和感情。这种朴素而真诚的写作风格，使他的作品显得特别亲切和真实，深受读者的喜爱。

其次，蒙田的深刻观察力和敏锐洞察力，使他能准确地捕捉到阅读的本质和价值。他认为，阅读不仅能开阔我们的视野，丰富我们的知识，还能锻炼我们的思维。他鼓励读者通过阅读来了解世界，理解人性，甚至反观自我。这种深入研究和理解阅读的角度，使《论书籍》成为一部真正意义上关于阅读的经典之作。

此外，蒙田在《论书籍》中提出了一系列独到的见解和建议。他反对死记硬背，反对盲目追求阅读数量，而是主张深度阅读，主张从书中学习和思考。他强调，阅读不仅是获取知识的手段，更是理解世界的重要工具。这些独到的见解和建议，无疑极大地丰富了我们对阅读的理解，也对我们的阅读方式和态度产生了深远的影响。

更重要的是，蒙田鼓励我们以一种开放的态度去阅读，以一种独立的精神去思考，以一种勇于探索的勇气去追求真理。他提醒我们，阅读并非为了炫耀，而是为了理解和思考，为了认识和探索。他强调，我们应该在阅读中找到乐趣，找到智慧，找到真我。蒙田的这些观点，无疑给我们提供了一种全新的阅读方式和视角，使我们对阅读有了更深的理解和认识。

最后，我们要注意的是，《论书籍》并不是一篇简单的阅读指南，也不仅仅是一篇关于书籍的随笔。它更是一篇关于人性、关于智慧、关于生活的深度反思。在蒙田的笔下，书籍成为一面镜子，映射出我们的内心世界。

总之，《论书籍》是一篇杰出的随笔，它以其深刻的洞察力、独特的写作风格、独到的见解和广泛的影响力，成为阅读和书籍领域的经典之作。它教我们如何去阅读，如何去思考，如何去生活。这也是我们今天仍然需要去读蒙田、去读《论书籍》的原因。

在搜索与整合了历代学者关于米歇尔·德·蒙田的研究成果后，ChatGPT为我们给出的回答，具有重要的参考价值。或许在以前，我们在阅读《论书籍》时，会惊讶于蒙田对奥维德等知名作家的不留情面的批评。而在阅读完ChatGPT的回答后，我们将明白"最真诚的态度"与"最朴素的语言"的不朽力量。由此可见，借助ChatGPT拆解优秀作品，将成为我们化抽象理论为具体经验的明智选择。

5.4.2　掌握语言规则

为了持续提升创作水平，我们需要重视的第二个细节，即掌握语言规则。

拆解优秀作品，可以让我们不断提升文章的"神"；而掌握语言规则，可以让我们不断提升文章的"形"。神形兼备，方能浑然天成。

在掌握语言规则方面，最重要的是理解句子中的成分及其各自的作用。我们并不是也并不需要做专业的修辞学家，将各种繁复的句式充斥于我们的每一篇文章。但是，深入理解并熟练运用汉语句子的各种成分，则是非常必要的。

首先，掌握语言规则可以帮助我们提升表达的准确性。语言是写作者表达思想和情感的工具。句子成分是句子和语言的基本单位，每一种成分都承载着特定的语义和语法功能。掌握句子成分，可以帮助写作者更准确、更细致地表达自身的思想和情感。

其次，掌握语言规则可以帮助我们提升语言的灵活性和创造力。写作者的语言需要有足够的灵活性和创造力，才能打动读者，给读者留下深刻的印象。理解句子成分，写作者不仅可以掌握语言的规则，还可以在此基础上灵活运用和创新。

最后，掌握语言规则可以帮助我们提升语言的逻辑性。写作者的语言需要有清晰的逻辑，才能让读者读懂并接受写作者的观点。对句子成分的理解，可以帮助写作者更熟练地运用语言的逻辑关系。

而作为人工智能技术驱动的自然语言处理工具，ChatGPT 从诞生之初就在掌握语言规则方面具有高超的水准。因此，我们可以在理解句子成分等方面向 ChatGPT 多多请教，以提高自身对语言规则的掌握程度，比如下面这个例子。

> **输入问题：** 你是一位专业作家。请介绍一下，一个句子中主要有哪几种成分，它们的作用分别是什么？

⑤ ChatGPT: 理解和掌握句子的构成是一项重要的技能，它对于精确的语言表达和语境理解至关重要。在汉语的句法结构中，我们主要将一个句子分解为六种常见成分，分别是主语、谓语、宾语、定语、状语以及补语。

首先，主语是句子的核心，它表明了谁是行动的执行者或者被描述的对象。主语通常位于句子的开头，一般由名词、代词、数词、量词、名词性短语或从句等构成。比如，"孩子们正在玩耍"，这里的"孩子们"就是主语，它指明了是谁在进行"正在玩耍"的动作。

其次是谓语，它通常描述主语的动作或状态，是句子的谓词部分。谓语常常由动词、形容词、谓语性短语或者从句来担任。以句子"太阳升起了"为例，"升起了"就是谓语，描绘了主语"太阳"的动作。

紧接着是宾语，宾语是动作的承受者，即主语动作的对象。宾语一般由名词、代词、数词、量词、名词性短语或从句等构成。例如，"我爱你"，其中的"你"就是宾语，成为"我爱"的动作的对象。

然后是定语，定语的主要功能是修饰或限定名词或代词，为主语或宾语进行更具体的描述或限定。定语可以由形容词、副词、名词、介词短语、关系从句等构成。如"长长的路"，这里的"长长的"就是定语，对名词"路"进行了修饰。

接下来，我们来看看状语。状语主要是修饰谓语，表达动作或状态的方式、时间、地点、原因、条件、结果等情况。它可以由副词、介词短语、状语从句等构成。例如，"他匆忙地跑进了房间"，这里的"匆忙地"就是状语，修饰谓语动词"跑进了"。

最后，我们来讨论一下补语。补语用来补充说明动词的结果、状态、方向等，可以由形容词、名词、介词短语、动词或从句来承担。例如，在"她把房间打扫得很干净"这个句子中，"很干净"就是补语，补充说明"打扫"的结果。

整体上看，汉语句子的成分虽然丰富，但每个成分都有其特定的语法功能和位置，它们共同构成了完整的句子结构。理解并熟练运用这些句子成分，不仅能帮助我们更准确地理解和表达语言信息，还能提高我们的语言运用能力和表达效率。

虽然我们常常把句子分解为这些基本成分进行学习和分析，但在实际的语言运用中，各个成分并不是孤立存在的，而是相互关联、相互影响的。因此，我们在学习和分析句子成分时，不仅要关注每个成分自身的性质和功能，还要注意它们在句子中的位置和作用，以及它们与其他成分的关系和交互。

在句子成分的运用上，要注意的是，虽然一个句子可能包含所有成分，但并不是每个句子都必须包含所有成分。事实上，根据句子的需要和语境的变化，我们可以灵活地增加、减少或调整句子成分，来构造各种不同类型和风格的句子。这就要求我们在掌握句子成分基本知识的同时，还需要通过大量的实践和体验，来培养和提高我们的语言感知和创造力。

总之，深入理解并熟练运用汉语句子的各种成分，是提高汉语能力、精准理解和有效表达语言信息的关键。在实际的语言运用中，我们应该根据语境的需要和个人的创造力，灵活、准确、富有表现力地运用这些句子成分，从而让自己的语言更加生动。

我们发现，ChatGPT对于语言规则的阐述清晰而有逻辑，完全有能力担任我们的语法小助手。在未来，当我们把对语言规则的掌握，与对社会、科技、文化等的深刻理解相结合后，我们的文字就更能够传递我们的观点，触动读者的心灵。

5.4.3 学习跨行业经验

为了持续提升创作水平，我们不仅需要在文章的"神形兼备"上多下功夫，还需要借助ChatGPT的力量不断学习跨行业经验。

在今天这个知识全球化、学科交叉化的时代，我们在学习包括写作在内的一切技能时，都应尽可能地借鉴其他行业的经验，从中汲取宝贵灵感。这样做的好处，主要有以下三点。

第一，学习跨行业经验，可以丰富我们的知识结构。跨行业经验可以提供更全面的知识视角，对于我们理解特定技能的实际应用和深远影响有着重要的帮助。同时，跨行业的知识可以让我们看到自己所学技能的广阔应用领域，让我们对自己的学习目标和方向有更清晰的认识。

第二，学习跨行业经验，可以激发我们的创新思维。在许多情况下，创新并不是从零开始，而是将已有的知识和经验进行组合和再创造。对跨行业经验的学习，可以为我们提供丰富的灵感和素材，让我们有机会创造出全新的方法和模式。

第三，学习跨行业经验，可以帮助我们建立全局观念。在复杂的现实世界中，各个领域之间的相互影响和相互依赖是日益增强的。通过学习其他行业的经验，我们可以更好地理解这种全局关系，提升自己的策略制定能力和决策能力。这种全局观念可以让我们更好地预见未来，实现更持久和更广泛的成功。

在开展跨行业经验的学习时，一个不可避免的难题是，当今社会各个领域都已高度专业化，学通一项技能尚且不易，何来精力与时间开展对多个行业经验的学习？这种情况下，已深入学习过人类浩如烟海的知识宝库的 ChatGPT，将为我们提供弥足珍贵的助力作用。比如下面这个例子。

> **输入问题：** 你是一位爵士乐专家。请介绍一下，学习爵士乐的知识，可以如何帮助我们提升写作能力。

⑥ ChatGPT： 爵士乐以其深厚的音乐文化、即兴创新和极具表现力的特性受到了大家的喜爱。学习爵士乐的知识和技巧，不仅能够提升我们的音乐理解能力和审美素养，还能够以一种奇妙的方式帮助我们提升写作能力。这具体表现在以下几个方面。

即兴创新：爵士乐的一个核心元素是即兴演奏，它鼓励音乐家在一定的音乐结构内部自由地创新和表达。这种原创性和即兴性可以启发我们的写作。在写作中，我们也需要在语言和故事结构的规则内找到自己的创新和表达方式。爵士乐会教我们如何在保持结构的同时发挥创新，如何在已有的主题上加入自己的声音和色彩。这不仅可以丰富我们的写作内容，也可以提升我们的写作技巧。

强烈的表现力：爵士乐是一种高度个人化和情感化的音乐形式。音乐家通过音乐表达自己的情感、经历和理解，与听众进行深度的情感交流。在写作中，我们也需要有强烈的表现力，让读者感受到我们的情感和观点，与我们产生情感共鸣。爵士乐会教我们如何把个人的情感和经验转化为艺术的表达，如何用语言来唤醒和触动读者的心灵。

复杂的节奏和旋律：爵士乐的节奏和旋律复杂而有趣，它需要音乐家对音乐的深入理解和精准掌控。这种对节奏和旋律的敏感性也可以转化为对语言和句子的敏感性。在写作中，我们需要找到恰当的节奏和旋律，让语言流畅自然，故事引人入胜。爵士乐可以帮助我们提高对语言节奏和旋律的掌握能力，提升我们的写作品质和效果。

跨文化的理解：爵士乐起源于美国，它深深地根植于非洲和欧洲的文化传统，同时也吸收了亚洲和南美洲的音乐元素。这种跨文化的特性让爵士乐充满了丰富的情感和多元的视角。在写作中，我们也需要有这种跨文化的理解力和包容性，以更广阔的视角和更深入的理解来描述人和世界。爵士乐的跨文化理解可以启发我们的写作思想，让我们的文章充满更深刻的见解和更丰富的情感。

团队协作和独奏的平衡：在爵士乐中，乐队的每个成员都有机会进行独奏，以展示自己的技巧和风格，同时他们也需要和其他成员协同合作，共同创造美妙的音乐。这种对团队协作和独奏的平衡，有助于我们理解如何在写作中平衡自我表达和读者期待，如何在尊重传统和追求创新之间找到合适的位置。这对于提升我们的写作技巧和理解能力有重要的作用。

对细节的把握：爵士乐中的每个音符、每个节奏都充满了细微的变化和深深的情感。音乐家需要对这些细节有敏锐的观察力和精准的把握力。在写作中，我们也需要对语言的细节有深入的理解和熟练地掌握，才能写出生动、精细、有深度的文章。爵士乐对细节的把握，可以提升我们的写作敏感度和精确度，让我们的文章更具吸引力和说服力。

对形式和内容的整合：爵士乐不仅注重音乐的形式，如旋律、节奏、和声等，也注重音乐的内容，如情感、主题、文化等。这种对形式和内容的整合，使爵士乐既有艺术的美感，又有思想的深度。爵士乐的这种整合理念可以启发我们的写作思维，让我们的文章更具美感和深度。

在提示词的引导下，ChatGPT从多个视角为我们总结了学习爵士乐对于提升我们写作能力的帮助。在这样的跨行业学习后，爵士乐的即兴创新、细节掌控以及情感表达等珍贵经验，都值得我们仔细借鉴与广泛应用。

在ChatGPT的助力下，当我们对如何撰写引人入胜的开头、令人回味的结尾与画龙点睛的金句了然于胸后，我们向经典作品学习、向语言规则学习、向各个行业学习的能力，将决定我们未来创作成就的上限。波德莱尔曾感慨，我终其一生都在学习如何构建语句。人类对创作能力的探索永无止境，它给予人类的馈赠也同样无比慷慨。我们正处于新一轮技术加速进化的潮头浪尖，这不是一个短暂的风口，而是一次充满确定性的划时代变革。值得我们始终铭记的是，要珍视对人工智能的深度学习，更要珍视对人类智能的终身学习。赋予冰冷字节力量的，永远是炽热的人性。

第六章

一个维度
探索创意写作，
塑造个人品牌价值

　　在本章中，通过掌握 ChatGPT 如何助力我们创作朋友圈文案、短视频脚本、头条号文章以及小说这 4 种风格迥异、长短不一的创意写作体裁，我们将找到探索创意写作、塑造个人品牌价值的有效方法。

6.1 创作朋友圈文案的3个要点

　　在本节中，通过了解高品质生活元素、内容规划以及语言风格这 3 个创作朋友圈文案的要点，我们将找到更好地创作朋友圈文案的方法，从而让我们更高效地在微信朋友圈中表达自我、分享新知。

6.1.1 高品质生活元素

　　在创作微信朋友圈文案时，凸显内容中的高品质生活元素非常关键。

　　当我们聊起高品质生活时，脑海中浮现的可能是一场隆重的艺术展览、一场盛大的行业峰会或者一次畅快的海滨旅行。无论形式如何，它都是我们对美好生活的追求和向往。而在微信朋友圈中展现这些元素，可以帮助我们更好地连接人群、展示自我。

　　在我们所撰的朋友圈文案中，如果活动或事物本身的价值已经举世闻名，如一次米其林三星餐厅的难忘之旅，那么我们撰写这篇朋友圈文案时自然不用过多费神。不过，当活动或事物不具备类似的全球性知名度时，我们就可以借助 ChatGPT 从海量信息中发掘亮点的宝贵能力，为我们的朋友圈文案增添更多高品质生活元素。比如下面这个例子。

> **输入问题：**你是一位专业导游。我游览了位于上海市松江区的佘山及其周边，想发朋友圈和朋友们分享一下。请介绍一下，作为旅游景点，佘山的亮点都有哪些。

⑤ ChatGPT：佘山，位于上海市松江区，这里是人们的向往之地，其亮点可以从多个角度来体现。

首先，佘山拥有秀美的自然风光。佘山是上海陆地第一高峰，山脚下有美丽的佘山国家森林公园、月湖等，这些地方犹如翡翠绿洲，融入了上海城市的风景之中。佘山的自然风光展现了江南水乡的宁静与和谐，无论是四季变换的风景还是满眼翠绿的森林，都让人心旷神怡，让人能感受到大自然的壮丽与生机。

其次，佘山的历史底蕴也是值得赞赏的。佘山地区历史悠久，早在新石器时代晚期，就有人在此地居住。到了汉代，此地成为南阳郡的一部分。在明清时期，佘山一带出现了大量的古建筑。这些都是历史的痕迹，让人们能够更深入地了解上海的历史。

再次，佘山还是徒步、爬山等户外活动的理想之地。这里环境幽静、空气清新，可以让你在忙碌的生活中找到一片属于自己的宁静之地。不论是登顶俯瞰城市风光还是在林间小道上漫步，都会让你感受到大自然的奇妙。

不仅如此，佘山周边还拥有丰富的旅游资源。例如，充满欧洲风情的泰晤士小镇，能够让你仿佛置身异国他乡，感受到不一样的生活风情。与此同时，佘山不远处的松江古城，依旧保留着江南古镇的风貌，可以让你体验到淳朴的江南民俗。

最后，佘山是一个可以让你放松心情、舒缓压力的好地方。在快节奏的城市生活中，每个人都需要找到一处可以放松身心的地方。佘山就是这样一个地方，无论是沿着山间小路散步还是在湖边垂钓，佘山都可以让你忘掉生活的烦恼，享受片刻的宁静。

总之，佘山的重要性主要体现在它的自然风光、文化历史、适合户外活动以及有助于放松心情等方面。这里既有自然的宁静，也有城市的活力；既有历史的沉淀，也有现代的快节奏。这些元素综合在一起，让佘山成为一个具有多重魅力的旅游目的地。无论你是热爱自然、喜欢历史文化还是喜欢户外运动的人，都能在佘山找到自己的乐趣。

在上海市松江区，佘山当然是首屈一指的风景名胜，不过如果将视野扩展到整个上海市，那么，佘山这座位于市郊的名山，恐怕无法成为各大旅游攻略里排名前三、前五的上海必游景点。而在ChatGPT的细致讲解下，攀登佘山具备了登顶上海陆上最高点等一系列非凡意义，成为价值极大、品质极高的一次出行。

生活从来不缺少美，只是缺少发现美的眼睛。成为帮助我们发现美的眼睛，这正是ChatGPT为我们的朋友圈增添高品质生活元素的重要价值。

6.1.2 内容规划

提前做好内容规划，也是我们持续创作精彩朋友圈文案时必须关注的要点。

通过内容规划，我们可以为自己塑造独特的个人风格，使我们的朋友圈文案在众多内容中脱颖而出。具体来说，在创作朋友圈文案的过程中做好内容规划，有以下几个优点。

（1）展现专业性。通过在微信朋友圈持续发布与自己专业相关的内容，我们可以展现自己的专业性。这不仅能提升我们的影响力，还能增强大家对我们专业能力的认可。不同于碎片化的信息，周密的内容规划能够系统展示我们的专业知识，帮助我们在朋友圈中树立更专业的形象。

（2）提供一致性信息。对微信朋友圈进行内容规划，可以帮助我们提供一致性信息。不论是个人的兴趣爱好还是职业背景，甚至是生活方式和价值观，我们都可以通过朋友圈的内容反映出来。清晰一致的信息，将会让人更容易理解和记住我们，这对于我们个人品牌的塑造是非常重要的。

（3）创造价值。良好的内容规划可以持续为大家提供有价值的信息，从而吸引和留住更多的关注者。我们可以分享自己的见解和经验，提供一些实用的建议，甚至分享一些有趣的生活点滴。这些都能在我们的朋友圈中创造价值，让我们的朋友圈不仅可以成为一个分享生活的平台，还可以成为一个提供价值的平台。

（4）建立连接。好的内容规划能够帮助我们建立和大家的连接。我们可以通过内容引发讨论，或者通过分享一些共同的兴趣和价值来吸引和我们有共鸣的人，这些连接将会让我们的个人品牌更有影响力。

对此，作为人工智能技术驱动的智能化自然语言处理工具，ChatGPT能起到重要的助力作用。比如下面这个例子。

输入问题： 你是一位新媒体写作专家。我是一位编程培训行业的从业者，需要对在微信朋友圈中发布的内容做接下来一周的规划，包括高品质生活和高专业度内容两大部分，请给出规划的建议。

ChatGPT： 好的，下面是结合了你所说的要求后，针对接下来一周的朋友圈文案的内容规划。

第一天：品牌故事分享

以第一天作为开篇，与读者分享你的品牌故事。你可以讲述你成为编程培训行业从业者背后的故事，强调你对编程和技术的热爱与追求。同时，你可以展示你对高品质生活的追求，例如，分享一张丰盛的晚宴的照片，与读者建立情感连接。

第二天：专业技术知识分享

在第二天，你可以展示你的专业能力和知识，以吸引对编程感兴趣的读者。你可以分享一篇简短但有价值的介绍技术知识的文章，例如，介绍常用的编程语言或讲解某个编程概念。你应该尽量确保语言通俗易懂，同时提供一些实用的技巧或案例，让读者能够从中受益。

第三天：高品质生活推荐

在第三天，你可以推荐一款与高品质生活相关的产品或服务。这可以是一款优雅的笔记本电脑、一本受欢迎的书籍、一个舒适的工作环境的布置灵感等。你可以分享自己的使用心得和体验，让大家看到你是用心生活的人。

第四天：行业趋势解读

在第四天，你可以分享你对编程培训行业最新趋势的见解。你可以从技术发展、行业动态、职业发展等方面展开，提供有价值的信息给读者。你可以结合你自己的经历和观察，讲述你对行业未来的预测，并鼓励读者积极学习和发展。

第五天：案例分享与成功故事

在第五天，你可以分享一个编程培训的成功案例或一位学员的成功故事。通过讲述具体的案例，可以展示你的培训课程或教学方法的价值和成果。通过强调学员的成就和实际应用，能够激发读者的兴趣和信心，并传递出你的专业度和教学能力。你可以在分享中添加一些鼓舞人心的图片或视频，让案例更加生动、有趣。

第六天：专家分享与讨论

在第六天，你可以邀请一位编程领域的资深专家或行业内的知名人士进行分享或讨论，可以是一场直播、一个在线讲座或是一次专家采访。通过与专家的互动，你可以提供给读者更多的学习机会和专业见解。你应该尽量确保分享的内容有实质性的价值，并鼓励读者参与讨论或提出问题。

第七天：学员见证与推荐

在这个星期的最后一天，你可以以学员见证和推荐作为结尾。你可以邀请一些学员分享他们在你的培训课程中的收获和成长，用他们的亲身经历来证明你的培训课程的教学质量和成效。

通过这样一周的完整规划，你可以在微信朋友圈中展示出高品质生活和高专业度内容。以上每天的内容，都围绕着编程培训行业展开，同时也注重吸引读者的注意力和建立情感连接。通过持续地分享内容，你可以更好地吸引读者的关注并塑造个人品牌形象。

6.1.3　语言风格

在撰写朋友圈文案时，针对不同内容选择合适的语言风格是非常重要的。

语言风格将直接影响读者对文案的理解、共鸣和反应。对于特定的朋友圈文案，恰到好处的语言风格，可以增强这篇朋友圈文案的吸引力，提升读者的阅读兴趣，帮助我们更有效地传达信息。

在调整朋友圈文案的语言风格方面，ChatGPT 同样具有不容忽视的价值。

ChatGPT 具备广泛的知识储备，能够从多个角度考虑文案的语言风格和表达方式。在提示词的引导下，ChatGPT 可以生成多样化的文本参考示例，帮助我们探索不同的表达方式。例如，对于一些不是很适合发布在朋友圈的新闻通稿等内容，我们就可以在输入稿件原文的基础上，让 ChatGPT 将稿件转换语言风格。

输入问题： 你是一位新媒体写作专家。上面我输入的内容，是我们为即将于下周六在成都举办的宠物食品高峰论坛准备的新闻通稿。请将它转换一下语言风格，使它从内容、篇幅上都适合发布在朋友圈中。

ⓢ **ChatGPT：** 朋友们，准备好一起嗨皮了吗？下周六，成都，宠物食品界的狂欢在等你！

Hey，宠物爱好者和行业里的小伙伴们，这里有一个福利"爆棚"的邀请！一个能让我们的宠物朋友们过得更好，让我们的生活因它们而更美好的机会就在眼前！

下周六，"2023 宠物食品高峰论坛"将在美丽的成都举办。那里有最新科研成果、最热门的行业动态，你想知道的、你没想到的，都有！

想知道最新的宠物食品趋势吗？想分享你的宠物故事吗？想寻找同样热爱宠物，有着丰富经验的朋友吗？那你一定不能错过这次的高峰论坛。

这里有行业内的独家分享，有与会者的精彩互动。你可以在这里结识新朋友，拓宽人脉，更可以寻找与你共鸣的伙伴，一起为宠物们的生活出谋划策。

我们的爱宠不仅是我们的朋友，还是我们生活的一部分，爱宠们健康快乐的成长是我们最大的愿望。所以，让我们一起加入这场狂欢，一起学习，一起分享，一起为爱宠们的生活加把劲！

"2023 宠物食品高峰论坛"，我们一起寻找宠物食品行业的下一个巅峰，期待你的加入，让我们一起在宠物食品行业的道路上并肩前行，创造更多的可能！

下周六，成都，我们不见不散！带上你的热情，带上你的爱，让我们一起探索更好的宠物食品世界！

不难发现，ChatGPT交出了一份高分答卷。因此我们有理由相信，无论我们希望朋友圈文案的语言风格是轻松幽默、专业严肃还是温馨感人的，ChatGPT都可以提供靠谱的建议。

6.2　创作短视频脚本的3个要点

短视频脚本，是为了创作短视频而提前规划文字和框架的一种文本形式。随着移动互联网的发展和智能手机的普及，短视频以其高效、直观、易传播的特性，已经成为非常受大家欢迎的一种新媒体形式。短视频脚本是制作精彩短视频的关键，因此，掌握如何创作一份优秀的短视频脚本对于创作者而言是很有好处的。

如何更好地创作短视频脚本？具体来说，优秀的短视频脚本，应该符合以下三个特征。

首先，鲜明的人物形象是吸引观众的重要因素。

优秀的短视频内容，必须拥有丰富的人物形象，让观众对人物产生共鸣。鲜明的人物形象能够快速吸引观众的注意力，引发观众的好奇心，从而让大家有欲望了解人物的更多故事。对于人物形象的塑造，需要细心观察，用生活中的细节来描绘人物的性格、信念、愿望等内在属性。同时，人物形象还需要具备一定的独特性，避免该人物在海量内容中被湮没。

其次，新颖的镜头语言可以有效地传达故事情节，提升观众的观看体验。

镜头语言是视频内容的视觉表达方式，是通过对摄影镜头的运用来表现故事情节和人物情感的手段。合理运用各种镜头语言，可以将简单的故事情节转化为视觉的享受，同时也可以提升故事的深度和艺术性。

最后，生动的剧本情节是留住观众的重要保证。

生动的剧本情节能够吸引观众的注意力，提升大家的观看热情，让大家对故事产生浓厚的兴趣。剧本情节的生动性体现在其能引发观众的情绪共鸣，能让观众在心理上产生紧张、期待、惊喜、感动等反应。

在创作短视频脚本时，ChatGPT的作用同样不容忽视。

对于比较简单的短视频脚本，我们可以直接让ChatGPT生成稿件。如果我们真正想写出受到大家欢迎的短视频脚本，就可以结合优秀短视频脚本的特征，让ChatGPT在人设话术库、镜头景别以及剧本公式 3 个方面贡献自己的神奇力量。

6.2.1　人设话术库

在撰写优秀的短视频脚本时，人设话术库是创作者必备的工具之一。

人设话术库指的是针对特定的人设角色，提前准备好的各种对话、语言和表达方式，创作者可以以此来丰富角色的性格特点，提升其对观众的吸引力。角色是故事的灵魂，生动的角色形象是吸引观众的重要因素。人设话术库，就是帮助创作者塑造出具有丰富层次的角色形象的有力保障。

在创作过程中，如果创作者已经有了一份完整的人设话术库，那么创作者就可以直接从中选取适合的话术，而无须花费大量时间去考虑角色的语言和表达方式。这不仅可以提升创作效率，还可以保证角色的一致性，避免角色在不同视频中的表达方式出现太多差异。对此，接受过海量数据资料训练的ChatGPT，能高效地输出体系化的人设话术库。比如下面这个例子。

> **输入问题：** 你是一位新媒体写作专家。请介绍一下，在撰写一系列的短视频脚本时，为了更好地塑造"迫切希望所有学员通过努力训练改善身材与精神面貌的健身教练"这个角色，可以给他的人设话术库中增添哪些话术。

> ⑤ **ChatGPT：** 在撰写一系列的短视频脚本时，为了塑造"迫切希望所有学员通过努力训练改善身材与精神面貌的健身教练"这样的角色，我们需要考虑角

色的主要特征，包括他的性格、信念、专业技能、对学员的态度等。接下来我将详细分析这个角色并提出可以增添到人设话术库中的话术。

1. 鼓励与激励

首先，作为一位健身教练，他的主要任务就是鼓励和激励学员坚持锻炼，改善身材和精神面貌，因此，他的话术中应该充满积极和向上的力量，示例如下。

"你比你想象中更强大，你只需要相信自己。"

"锻炼不只是改变身体，更是改变精神，塑造态度。"

"记住，你的努力不会被辜负，坚持就会有收获。"

"每一次挥洒汗水，都是在塑造更好的自己。"

2. 专业与权威

其次，作为教练，他必须具有专业知识和技能，并能够将其有效地传授给学员，这需要他的话术中体现出权威性，示例如下。

"根据最新的研究表明，这套训练能更好地锻炼你的核心肌群。"

"记住，正确的呼吸方式和姿势才能最大限度地发挥锻炼效果。"

"这种瑜伽动作能帮助你舒缓压力，改善睡眠质量。"

"合理的饮食结合科学的训练，才能让你达到最佳的效果。"

3. 亲切与关心

再次，作为一名迫切希望学员改善身材和精神面貌的教练，他需要对学员充满关怀，这需要他的话术中充满温暖和鼓励，示例如下。

"你做得很好，我看到了你的改变，你比自己想象的更棒。"

"每一次进步，无论大小，都值得庆祝。"

"我知道你累了，但是你一定不能放弃，你的努力一定会有回报。"

"你的健康就是我的快乐，你的每一次进步都让我感到无比的满足和自豪。"

"你在健身房的每一滴汗水，都是你向更好的自己迈进的证据。"

4. 专注与执着

此外，为了更好地塑造这位健身教练的形象，我们可以通过话术描绘他对健身事业的专注和执着，示例如下。

"只有持之以恒的锻炼，才能达到我们的目标。"

"健身不只是一种习惯，它还是一种生活方式。"

"为了健康，我们不能退缩，不能妥协，只能不断向前。"

"健身是一场没有终点的马拉松，我们需要的是持续的热情和毅力。"

5.诚实与真实

在鼓励学员的同时，健身教练也需要帮助他们正视自己的问题，设立合理的目标，这就需要他的话术中充满诚实和真实，示例如下。

"改变需要时间，你不能期待一夜之间就有奇迹发生。"

"你的体型并不能决定你的价值，你值得拥有更健康、更快乐的生活。"

"我们不能承诺你会在一个月内减掉十斤，但我们承诺你会在每一次训练中都感到进步。"

"每个人都有自己的节奏，你的进步不需要与别人比较，只需要与自己的昨天相比。"

以上就是一些可以为这位健身教练角色提升人格魅力的话术。通过这些话术，我们可以塑造一个鼓励和激励学员、具备专业知识和技能、态度亲切、关心学员、对事业专注和执着以及诚实和真实的健身教练形象。这样的角色无疑会在各类短视频作品中具有鲜明的个性，从而更容易被更多观众记住。

6.2.2 镜头景别

在影视和新媒体领域，镜头景别是对影片中画面大小和范围的一种描述，通常用来规定人物、物体、空间等在画面中的表现形式和比例。镜头景别的改变，可以调动观众的视觉感受，营造故事的氛围和情绪，更好地引导观众的注意力。

在优秀的短视频脚本中，镜头景别的设定是非常重要的一环。它的选择将直接影响到视频的观感和内容的叙述效果。对镜头景别的灵活运用，可以使短视频作品在视觉上更具有吸引力，能更有效地传达短视频作品的主题和情绪。

在短视频的创作过程中，常用的镜头景别主要有远景、全景、中景、近景与特写。每一种景别都有其独特的视觉效果和表现力，可以在不同的场合发挥出各自的优点。

远景通常用来展现一个大的场景环境，以便给观众一个宏观的视角。在这种镜头中，人物通常只是一小部分，整个环境占据了镜头的主体。这样可以让观众理解人物所处的环境，了解人物与环境的关系。

全景通常展示人物的全部身体，以及人物所处的环境。全景有助于表现人物的整体动作和与环境的互动关系，同时也能让观众对人物和环境有一个清晰的了解。

中景一般展示人物的上半身，包括人物的肩膀和头部，有时可能也会包括一部分背景。中景是一个比较平衡的镜头，观众既能看清人物的面部表情，又能看到人物的一部分动作。

近景通常只展示人物的头部或者某一个特写部位，如眼睛、手、口等。近景可以使观众更专注于人物的情感表达或者某个细节动作，也可以使画面更具冲击力和吸引力。

特写镜头一般只聚焦在一个特定的细节上，如人的眼睛、嘴唇或者物品的特定部分。特写能够极大地突出某个细节，使这个细节成为观众关注的焦点。

在实际的短视频创作中，选择哪种镜头景别，往往是对创作者的一大考验。此时，ChatGPT在提示词的引导下，能够为我们带来重要的助力作用。比如下面这个例子。

输入问题： 你是一位新媒体写作专家。请介绍一下，在撰写关于游冰岛、看极光的高品质旅游产品的短视频脚本时，应该如何运用镜头景别才能使短视频作品的质量更理想。

ChatGPT： 在撰写关于游冰岛、看极光的高品质旅游产品的短视频脚本时，远景、全景、中景、近景与特写等常见景别都可以得到很好运用。对这些景别的恰当运用，不仅能让观众深入了解这个旅游产品，也能更好地表现冰岛的自然美景和极光的独特魅力。

1.远景

在这个短视频脚本中，远景可以用来展示冰岛的壮丽景色，如广袤的冰原、崇山峻岭、波涛汹涌的海洋等。这些宏大的画面可以让观众感受到冰岛的自然之美和旅游的乐趣。例如，短视频可以以一幅冰岛全景开场，让观众在短视频开场时就能被冰岛的壮丽景色所吸引。

2. 全景

全景则可以展示旅游者在冰岛的完整活动，包括在冰岛的马上骑行、在冰川上的徒步旅行等。通过全景，观众可以看到旅游者的全身动作，了解他们在冰岛的活动内容，感受到冰岛旅游的乐趣。例如，可以通过全景展示一位旅游者在冰川上的徒步旅行，让观众感受到冰川徒步的乐趣。

3. 中景

中景可以展示旅游者的上半身和面部表情，让观众看到他们在冰岛旅游时的情绪变化，从而更好地理解他们的感受。例如，当旅游者首次看到极光时，可以通过中景来展示他们惊奇和开心的表情，让观众感受到看极光的喜悦。

4. 近景

近景可以聚焦于旅游者的某个部分或者旅游产品的某个细节，以强调这个细节的重要性。比如，当旅游者用望远镜看极光时，可以用近景展示他们专注的眼神，让观众感受到看极光的期待和激动。又如，可以通过近景展示旅游产品包含的一些高端服务，包括豪华酒店的设施、美食的精细等，以突显这款旅游产品的高品质。

5. 特写

特写则可以聚焦于某一个细节，让这个细节成为观众注意的焦点。在这个短视频脚本中，特写可以用来展示冰岛旅游的一些细节，如旅游者手中的热巧克力、身上的保暖衣物、脸上的冰晶等，这些都可以让观众感受到冰岛的独特魅力。

在这份关于游冰岛、看极光的旅游产品的短视频脚本中，五种景别的运用都是非常重要的。远景和全景可以展示冰岛的自然美景和旅游的活动内容，使观众有一种身临其境的感觉。中景和近景则可以展示旅游者的情感和旅游产品的细节，使观众更好地理解和感受旅游的乐趣。而特写则可以聚焦于某个细节，让这个细节成为观众关注的焦点，使短视频更具吸引力。

总之，这五种景别的恰当运用能使你的短视频脚本更具吸引力，更好地表现冰岛旅游的魅力，让更多的观众被吸引，从而推动旅游产品的销售。

6.2.3　剧本公式

在短视频领域的创作中，剧本公式是指根据创作者的经验总结出的一种创作模式或指导原则，它可以为我们提供一个清晰的创作框架，帮助我们更有针对性地展现自己的内容。

作为一种已经被反复验证过的模式，剧本公式可以帮助创作者提高撰写脚本的效率。如果每次都要从零开始构建一个脚本的结构，那么将会耗费创作者大量的时间和精力。而使用剧本公式，就可以快速地构建出大致框架，这样不仅可以提高工作效率，还可以使创作者有更多的精力去关注故事的细节部分，提高作品的整体质量。

对此，我们也可以借助 ChatGPT 的力量，通过在提示词中阐明我们需要的剧本类型，让 ChatGPT 为我们提供具有清晰结构、亮点元素的剧本公式。比如下面这个例子。

> **输入问题：** 你是一位新媒体写作专家。我需要撰写一份关于马卡龙制作教学的短视频脚本，请介绍一下，有哪些剧本公式可以帮助我更好地撰写脚本。

> ⑤ **ChatGPT：** 在撰写一份关于马卡龙制作教学的短视频脚本时，让你的短视频脚本尽量符合简短、精准、快节奏的特性是很有必要的。在一份短视频脚本中，脚本的开头、反转和结尾这三个部分非常关键，下面我将分别就这三个部分，结合适用的剧本公式进行详细介绍。
>
> 1. 开头
>
> 在一份短视频脚本中，开头部分的任务是立刻吸引观众的注意力，使他们有兴趣继续观看。在这里，一个非常有效的公式就是"问题引导"。
>
> 问题引导：在开头部分，我们可以通过提出一个问题，来引发观众的好奇心。如果你的视频是要教观众如何制作一种风靡全球的法式甜点——马卡龙，你可以提出一个问题："你是否也想自己动手做出美味又漂亮的法式马卡龙？"这样的问题不仅关联视频的主题，同时也能够引起观众的好奇心和兴趣。
>
> 2. 反转

反转是视频中最精彩的部分，它需要给观众带来惊喜，以超出他们的期待。常用的公式有"冲突与解决"以及"剧情反转"。

冲突与解决：你可以通过设置一个冲突，来增强剧情的紧张感，然后提供一个解决方法，使观众有所收获。具体来说，你可以讲述在制作马卡龙时，大家经常会碰到的蛋白霜打发不到位，无法形成"完美"马卡龙皮的问题，然后，你可以提出你的独特解决方案，如一个简单却高效的打发技巧。

剧情反转：通过设置预期与结果之间的反差，使剧情出现意外的转折，从而增强观众的观看体验。你可以先让观众看到很多美食家都表示马卡龙制作过程复杂，需要高超的烘焙技巧，然后，你可以突然介绍你的简单易学的制作方法，让观众感到惊喜。

3. 结尾

结尾部分需要以高潮或者情感共鸣为观众留下深刻印象，同时还需要引导观众采取行动。"情感共鸣"和"AIDA"公式中的"行动（Action）"部分在这里尤为适用。

情感共鸣：注重情感共鸣的短视频脚本，可以让观众对短视频的内容感同身受，使观众记住你的短视频。你可以在结尾部分描述亲手做出一份美味马卡龙，然后与家人和朋友分享的快乐。同时，你也可以透露，自己也是从一开始对马卡龙的制作毫无头绪，通过不断实践和学习，才成功制作出美味的马卡龙。这样的经历更能拉近你与观众的距离，激励他们尝试动手制作马卡龙。

行动呼吁：结尾是呼吁观众采取行动的最佳时机，比如，邀请他们试制马卡龙、分享视频，或是在评论区留下自己的看法和体验。你可以说："现在，你也可以试着在家里做马卡龙。如果你觉得这个视频对你有帮助，别忘了点赞和分享给你的朋友哦！"

综上所述，撰写这份短视频脚本需要注意三个关键点：开头引人入胜，吸引观众的注意力；中间部分通过反转、冲突，增强短视频内容的吸引力；结尾通过情感共鸣和行动呼吁，引导观众进行互动。

在提示词的引导下，ChatGPT能够总结前人经验，不断启发我们的全新灵感。当我们能够熟练撰写兼具流畅性与创新性的短视频脚本时，我们创作的一系列短视频内容将为许多观众带去欢笑与感动。

6.3 创作头条号文章的2个要点

在今天这个新媒体时代，自媒体已成为个人或机构发声、传递信息的重要渠道。在今日头条等平台开设自媒体账号，可以为个人和企业提供广阔的展示空间。

一方面，开设头条号这类自媒体账号并撰写文章，是打造个人品牌或企业品牌的可靠方式。品牌建设不仅能用于销售产品，更重要的是能用于分享观点和塑造形象。通过在头条号上长期发布高品质的原创内容，表达独特的观点，展示专业知识和技能，我们可以在读者心中树立良好的品牌形象，提升个人或企业的知名度和影响力。

另一方面，长期在头条号等平台撰写文章，也有助于实现商业转化。我们可以通过撰写产品测评、使用体验、用户故事等文章，来吸引用户的关注，激发大家的兴趣。我们还可以通过在文章中插入合适的广告，开展广告投放，实现直接的商业利益。对于企业来说，这不仅可以增加产品的销量，还可以提升品牌的曝光度。

作为一种前沿的人工智能语言模型，ChatGPT能够为我们更好地撰写头条号文章带来可观的便利，它的具体贡献主要有以下几点。

第一，为写作提供创意和启发。创造性写作是需要大量的创意和灵感的。当我们思路受限或者缺乏创新思维的时候，ChatGPT可以帮助我们。在提示词的引导下，ChatGPT不仅可以为我们提供新的创意，还能帮助我们在写作中寻找新的角度或者新的观点。

第二，进行内容研究和总结。在撰写头条号文章时，我们需要对主题进行深入研究，收集和分析大量的数据和信息。ChatGPT可以在这个过程中发挥重要作用。ChatGPT可以快速处理大量的信息，并从中总结出重要的观点和信息。这将大大节省我们的时间，使我们能更专注于写作本身。

第三，进行内容的审核和修订。在文章完成后，我们需要对内容进行审核和修订。ChatGPT在这个过程中也可以起到帮助作用。我们可以让

ChatGPT对文章进行语法检查，也可以让ChatGPT针对文章的逻辑和结构提出建议。通过这样的方式，我们可以保证文章的质量，提高文章的专业性。

总之，ChatGPT可以在我们创作头条号文章的过程中发挥重要价值。在启发创意、开展总结、改进语言等多个方面，ChatGPT都能提供大量的帮助。ChatGPT可以使写作变得更加简单和高效，也可以帮助我们创作出更具吸引力的文章。

在此前的章节中，我们已经深入了解过ChatGPT在帮助我们突破写作瓶颈、建立坚实的创作基础以及提升成稿能力等方面的重要作用。

针对头条号文章的特性，ChatGPT可以在关键词优化、自检清单这2个要点上，提供独特的价值。将ChatGPT更高效地运用在这些方面，我们能够更好地撰写头条号文章，将我们的观点、知识和信息分享给更多人。

6.3.1 关键词优化

在撰写头条号等渠道的新媒体文章时，关键词优化是传统渠道的写作者经常会忽略、但事实上却非常重要的事。

首先，关键词优化可以提升文章的搜索引擎排名。搜索引擎是人们在百度、今日头条等渠道获取信息的重要途径，而关键词是人们进行搜索的主要工具。如果我们希望自己的文章被更多人看到，那么，在不支付额外技术费用的情况下，我们就需要通过优化关键词来提升文章在搜索引擎中的排名。我们需要找出与我们文章主题相关的、有搜索流量的关键词，并将这些关键词自然地融入文章中。这样，当人们输入这些关键词进行搜索时，我们的文章就有可能出现在搜索结果中，从而带来更多的流量。

其次，关键词优化可以增加文章的曝光度。关键词优化不仅可以提升我们的文章在搜索引擎的排名，还可以增加我们的文章在各种平台的曝光度。很多平台都会根据关键词来给大家推荐文章，如果我们的文章包含了更多热门关键词，那么，我们的文章就有可能被推荐给更多人。

再次，关键词优化可以提升文章的吸引力。关键词不仅是搜索引擎和人们找到我们文章的标记，还是我们的文章吸引大家的重要因素。通过在标题和正文中使用吸引人的关键词，可以引起大家的兴趣，促使大家点击我们的文章。而且，如果我们的文章中包含读者正在寻找的关键词，那么读者就可能深入阅读我们的文章，而不是快速浏览后就离开。

最后，关键词优化可以提升文章的专业性。关键词是专业领域知识的标记，通过有效运用与文章主题相关的专业关键词，我们可以展示自己的专业知识，提升我们文章的专业性。而且，专业的关键词也可以吸引专业的读者群体。这些读者可能对文章的主题有深入的了解，他们希望找到有深度和专业性的内容。如果我们的文章能满足他们的需求，他们就可能成为我们的忠实读者，甚至可能分享我们的文章，为我们带来更多的读者。

在这方面，ChatGPT能够在提示词的合理引导下，为我们带来可观的参考建议。比如下面这个例子。

输入问题： 你是一位新媒体写作专家。我是一位聚焦于"潮牌"话题的头条号文章的作者。请介绍一下，为了提高文章的互联网曝光度与在专业领域内的口碑，我应该将我的这些文章聚焦于哪些关键词。

⊛ ChatGPT： 好的，在撰写关于"潮牌"的文章时，以下这些关键词是你应当关注与挖掘的。

可持续时尚：随着消费者对于环保的重视，越来越多的潮牌开始采取可持续的生产方式。这个关键词可以帮助你探讨潮牌如何实现可持续生产，如何将环保理念融入产品设计，以及这些行为如何影响消费者的购买决策和品牌形象。

快闪店：快闪店是近年来零售行业的一种新趋势，正在被许多潮牌所采纳。这种临时性的零售空间，能够为品牌增添稀缺性元素，并让品牌有机会在新的地点接触到新的顾客。深入研究快闪店的运营策略和效果，可以帮助你了解潮牌的营销策略和市场反应。

联名款：这个关键词涵盖了潮牌与其他品牌、艺术家或知名人士合作推出限量款式的现象。这种合作方式可以让潮牌借助合作方的影响力，扩大品牌知名度，同时为消费者带来独一无二的产品体验。你可以通过研究不同潮牌的合作策略，分析其背后的商业逻辑，以及这种合作方式对于潮牌市场和消费者行为的影响。

潮牌设计师：潮牌的创新性和独特性往往来源于设计师的独特视角和无限创意。潮牌设计师通过他们的设计语言，呈现出独特的品牌个性和审美价值观。他们的设计理念、创作灵感、个人背景以及设计过程都是潮牌文化的一部分。关注潮牌设计师，可以让读者更深入地了解潮牌的内在精神和设计风格，并从设计师的视角看到潮牌文化的多元性和创新性。

潮牌经济：这个关键词让你从商业角度出发，理解潮牌的经济价值和市场影响力。你可以通过研究潮牌的商业模式、定价策略、市场策略等，了解潮牌如何创造经济价值，以及它们在全球经济中的位置和影响力。

复古：复古元素在潮牌设计中占有重要地位。复古元素可以唤起消费者的怀旧情绪，满足他们的独特审美追求。你可以探讨潮牌如何运用复古元素，以及复古风格对潮牌市场的影响。

潮牌活动：潮牌活动包括发布会、流行文化展等，是潮牌推广和扩大知名度的重要方式。此关键词可以让你了解潮牌如何通过各类活动吸引人们的关注，以及这些活动如何影响潮牌的市场表现。

二手潮牌市场：二手潮牌市场近年来发展迅速，无论是在线上平台还是在线下店铺都能见到其踪迹。此关键词可以让你深入探索这个独特市场的运行机制，如商品的定价、交易方式等。你还可以研究消费者对二手潮牌的接受程度，以及这个市场的发展趋势。

影响力营销：在潮牌市场中，影响力营销发挥着重要的作用。此关键词可以让你研究潮牌如何开展跨领域合作。同时，你也可以探讨如何影响消费者对潮牌的认知和购买决策。

潮牌鉴赏：通过鉴赏潮牌的设计，读者可以更深入地理解潮牌的艺术价值和创新性。你可以从设计师的视角出发，分析潮牌的设计理念、设计元素、颜色搭配等，以此帮助读者更好地理解和欣赏潮牌。

6.3.2 自检清单

在头条号等平台撰写新媒体文章，需要很好地掌握文章质量与写作效率的平衡。很多时候，如果我们文章关注的话题已经过了热点期，那么，即使我们的文章再精彩、再生动，也难以达到我们预期的反馈效果。

此时，自检清单这个工具对于新媒体文章写作者的价值，就会显现出来。新媒体文章的自检清单是我们在发布文章前的重要工具，它可以帮助我们提高工作效率、提升文章质量、优化读者体验以及提高文章传播效果。

在新媒体环境下，正确使用自检清单是写作者迈向成功的重要一步。对此，ChatGPT 可以结合自己在海量知识与信息中整合的经验，为我们带来一份实用的自检清单。

输入问题： 你是一位新媒体写作专家。我是一位头条号文章的作者，请问用于在新媒体文章发布前开展自检的自检清单应该包括哪些内容？

ChatGPT： 在新媒体环境下，我们需要对自己的创作进行多层次的自我审核和校对。一个有效的新媒体文章自检清单，可以为你发布文章前的最后一步检查提供有力的支持。下面就是一个新媒体文章的自检清单，希望它能为你带来帮助。

一、内容准备阶段

1.主题选择：创作前的第一步是选择一个主题。这个主题应该具有新颖性、针对性，足以引发读者的兴趣。你需要对当前热点、行业动态以及你的专业领域有所了解，才能选出一个具有吸引力的主题。

2.目标读者分析：写作始终是为了读者，所以理解你的目标读者是非常重要的。你需要知道他们的年龄、性别、职业、教育背景、兴趣爱好等信息，还要了解他们的阅读习惯，例如，他们通常在哪些时间段阅读内容，他们喜欢什么样的文章风格等，这样你才能创作出符合他们口味的文章。

3.文章大纲：在开始写作之前，你需要先为文章制定一个大纲。明确每个部分的主要内容和结构，将使你的写作更有条理。大纲是你写作的指导，可以帮助你保持文章的结构清晰，思路连贯。

4.关键词和短语：提前列出与主题相关的关键词和短语，并计划在文章中合理地使用它们。这不仅有利于文章的搜索引擎优化，让更多人能找到你的文章，还能帮助你清晰地展现文章的主题。

二、文章创作阶段

1.标题：标题是读者首先接触到的内容，也是决定他们是否点击阅读的重要因素。标题需要精准地反映文章的主题，同时要具有吸引力。

2.开头部分：文章的开头部分是吸引读者继续阅读的关键。开头需要富有吸引力，可以使用故事、疑问等各种手法来引发读者的好奇心。

3.主体部分：文章的主体部分是一篇文章的核心，需要包含丰富的信息和强大的论据。每个观点都应该有充分的论证，展现出明晰的逻辑关系。此外，主体部分也应该符合文章的大纲，保持整体的连贯性。

4.结尾部分：文章的结尾部分需要总结一篇文章的主要内容，并给读者留下深刻的印象。结论可以再次强调文章的主题，以提醒读者你的观点。同时，结论也可以提供一些深思，引导读者对文章内容进行进一步的思考。

5.语言表达：语言是传达观点的工具，因此，你需要使用清晰、准确、生动的语言，避免使用复杂的句子结构和难懂的专业术语。同时，你需要注意语言的语气和风格，它应该符合你的目标读者的喜好。

三、文章修订阶段

1.内容准确性：文章中提供的所有信息、数据和事实都必须准确。任何的错误信息都可能影响你的信誉，因此在发布前，要仔细核对每一处信息。

2.内容一致性：全文需要始终围绕一个中心话题，每个部分都应与主题紧密相关。如果有偏离主题的内容，则需要对其进行删除或者修改，以确保内容的一致性。

3.段落连贯性：每个段落的思路需要连贯，段落与段落之间的转折应自然，不应有逻辑跳跃。如果有必要，则可以使用过渡句来连接段落，使文章读起来更流畅。

4.细节把控：细节往往决定了成败。你需要仔细检查文章的拼写、标点、语法等有没有错误，以确保文章的专业性和准确性。

ChatGPT给出的这份自检清单颇具价值。从选题，到写作，再到修订，这份自检清单全面涵盖了我们需要考虑的方方面面。当我们在ChatGPT的帮助下提高写作效率后，我们就能创作出更多高价值的文章，使我们的经验与知识惠及更多读者。

6.4 创作小说的4个要点

越来越多的公域平台创作者，开始意识到擅长写小说这件事的价值。

创作一部小说往往需要写作者具备许多优秀素质，比如，出色的想象力、深刻的总结能力、强大的独立思考能力以及对人情冷暖的洞察力等。试想，如果你是一位开设了个人自媒体账号的产品经理或律师，当人们在社交媒体上发现你还具备写小说的才华时，这无疑会为你的职业形象和个人品牌增添很多亮点。

作为发电厂工程师的刘慈欣，鲜有人知。而作为《三体》作者的刘慈欣，是腾讯游戏首席想象力架构师，是IDG资本首席畅想官，更是人工智能时代中文互联网的思考先驱与创意英雄。

写出杰作的笔力，当然不是一朝一夕可以练就的。不过，与许多其他艺术形式一样，小说的创作，也是以特定框架和结构为基础的。如果我们能够把握小说创作中的叙事结构，并在此基础上合理运用提示词，那么我们就完全可以借助ChatGPT更好地创作小说。

小说的叙事结构，是我们在小说写作中最值得关注的部分之一。用一句话简单来说，它就是小说情节和故事元素呈现给读者的顺序。

"起、承、转、合"四步骤，以及"冲突、行动、结局"三要素等，都是东西方传统文学中常见的基本叙事结构。近代以来，小说创作进入高速发展的黄金时期，一些更细致的结构也随之诞生。我们来看看其中的几种重要结构。

（1）弗赖塔格金字塔结构：以德国作家古斯塔夫·弗赖塔格（Gustav

Freytag）的名字命名，通常包括叙述、升高、高潮、降低以及结局这五个部分。

（2）救猫咪结构：由美国作家布莱克·斯奈德（Blake Snyder）命名，将情节划分为 15 个节拍，分别是开场、主题呈现、铺垫、推动、争执、第二幕衔接点、B 故事、游戏、中点、反派逼近、一无所有、灵魂黑夜、第三幕衔接点、结局以及最终画面。

（3）丹·哈蒙故事圈结构：由美国作家丹·哈蒙（Dan Harmon）命名，共有 8 个结构，分别是舒适区、想要的东西、进入陌生场景、适应新环境、得到心中所想、为之付出代价、再回到熟悉的状态中以及彻底改变。

总结一下，一篇引人入胜的小说，需要让有鲜明个性的主人公不断遇到新状况，并生动讲述主人公为了脱险而付出的各种努力，最终给出一个令人回味的结局。把握这些经典的叙事结构，小说的主体就基本成型了。

当我们脑海里始终有小说叙事结构这条主线后，我们就能将 ChatGPT 运用于 4 个要点来完善我们的作品。这 4 个要点分别是故事背景、故事梗概、行文风格和后续情节。

📎 6.4.1 故事背景

通过与 ChatGPT 交流，我们可以打开思路，找出更适合自己所创作小说题材的故事前提。比如下面这个例子。

输入问题： 我想写一部发生在维多利亚时代的、主题为"爱情会给予人无限勇气"的小说，你能告诉我适合这部小说主题的 5 个具体年份吗？

🌀 **ChatGPT：** 以下是我为你提供的适合维多利亚时代爱情题材小说的 5 个具体年份。

1837 年：女王维多利亚登基，标志着维多利亚时代的开始，这个时期以浪漫和社会变革为特征，非常适合表现爱情主题。

1848 年：一系列改革在欧洲大陆迅速传播，社会变革的动荡为小说提供了背景与素材。

1861 年：维多利亚女王的丈夫阿尔伯特亲王去世，这一事件对英国社会造成了巨大的影响，也为描写爱情带来了新的可能性。

1870 年：随着科技的进步和经济的发展，城市化趋势明显，社会结构和文化生活也发生了很大的变化，这些都可为小说提供丰富的背景和情感冲突。

1901 年：维多利亚女王在位期间的最后一年，也是维多利亚时代结束的标志性时刻，爱情和战争、家庭和社会等不同层面的矛盾在这一时期显得更加深刻，也为小说带来了更多的情感冲突与维度。

可以看出，ChatGPT 比较准确地找到了背景时代中极具代表性的年份。

即使我们对维多利亚时代不熟悉，我们也能够在 ChatGPT 的提醒下，有针对性地查阅发生在 1848 年的一系列大事，最终对这一段风云激荡的燃情岁月产生兴趣。主人公在这样的年份里开启故事的旅程，天生就自带话题性与新鲜感。

6.4.2　故事梗概

为了让 ChatGPT 回答的故事梗概符合我们的设想，我们可以仔细为 ChatGPT 提供一份撰写故事梗概的清单。这份清单应该包括以下部分。

男主人公、女主人公、反派人物：他们的出身背景、早年经历、性格特质、外貌特点、从事职业、兴趣爱好、弱点和底线各是什么。

（1）主人公的目标：主人公的主要目标和次要目标各是什么。

（2）内部冲突：男主人公与女主人公之间有哪些可能的冲突点，如果人物较多，那么还可以加上主人公与次要人物之间的冲突。

（3）外部冲突：主人公与反派人物之间的冲突，可以有多次。

（4）情节背景：主人公与他们所处的时代、地域、文化和阶层等各方面的背景。

（5）爱情故事的结局：喜剧结局、悲剧结局，或悲喜剧结局。

（6）主人公目标的结局：达成目标、达成部分目标、暗示性结局，或开放性结局。

将这份清单给到 ChatGPT 并要求 ChatGPT 给出故事梗概的参考建议，ChatGPT 会更容易理解你创作这个故事的初心，从而专注于对故事主线的回答。你的清单越详尽，就越有利于 ChatGPT 给出引人入胜的故事情节。

也许有人会好奇：要告诉 ChatGPT 这么多内容，那岂不是干脆由自己构思情节更省事？

如果这样想，那就低估了 ChatGPT 在整体情境生成上的综合效率优势了。的确，如果只是写一篇千余字的微型小说，那么详尽的故事梗概清单并非必需品。然而，ChatGPT 在接受了清单足够的预训练后，是可以为我们撰写一部中篇小说乃至长篇小说，带来指数级效率提升的。

事实上，在小说的创作中，为小说设立栩栩如生、真实可信的情境，远比构思一两个故事情节更重要，因为整体的情境更能勾勒出人物的完整个性。美国作家斯蒂芬·埃德温·金（Stephen Edwin King）曾说过，你不必费心设计情节，如果有一个强大的情境，如果你的情境设计气势恢宏，那么情境会自动推着情节走。

对此，作家毕飞宇更是有过精彩总结："我始终觉得小说人物和作者之间存在一个反哺的关系。有时候，是作者哺育了小说人物，有时候，是小说人物哺育了作者。"在鲜活情境中为自己、为伙伴乃至为全人类命运竭力奋斗过的主人公们，才是杰出作品留给我们最深刻、最感动的记忆之一。

6.4.3 行文风格

行文风格，能够很大程度上影响读者对作品的理解、欣赏和接受。恰当的遣词造句，可以加强小说的情感表达，更好地传递各个人物的内心世界和感受，让读者更深刻地理解和感受人物的情感波动。

在这方面，具备强大自然语言生成能力的 ChatGPT，可以成为我们的得力助手。ChatGPT 可以扮演一位适合这篇小说行文风格的作家，书写我们想要它呈现的情节。比如下面这个例子。

输入问题： 请以维克多·雨果的文字风格，描写少女多丽丝初见一位绅士而怦然心动的场景。

> ⟲ **ChatGPT：** 那是个阳光明媚的下午，天空湛蓝，阳光透过树叶洒落在草地上，显得格外温暖。少女多丽丝随着家人来到公园散步，她穿着一件浅黄色连衣裙，头发束成一个高高的发髻，显得格外清纯和美丽。
>
> 突然，一位身着黑色大褂的绅士从远处走来，他与周遭的人们形成鲜明对比。多丽丝不知道为什么，只是一眼望去，她就沉浸在那位绅士的气质中，仿佛整个世界都变得美好起来。
>
> 那一刻，多丽丝安静地注视着那位绅士，仿佛时间也为之停滞。她想和这位绅士说话，但她的声音却哽咽了。她心中的激动，像一股涌动的洪流，无法自拔地向前推进。
>
> 多丽丝禁不住心中的情感，小心翼翼地走向那位绅士，试图与他攀谈。虽然她语气有些羞涩，但她的眼神却充满了期待和热情。这时，那位绅士温柔地回应了她，对话开始了，他们的眼神交汇在空中，如同两个星球互相吸引。

细读之下，少女多丽丝的这场美好邂逅，是否会让人想起，维克多·雨果在《巴黎圣母院》中描写埃斯梅拉达对弗比斯一见钟情时的经典段落？

尤其是ChatGPT还能答出"他们的眼神交汇在空中，如同两个星球互相吸引"这样的金句，的确是给了我们一个惊喜。这也表明，只要我们能在与ChatGPT的交流中，多多留心ChatGPT回复的每一个细节，我们就随时可能有意外收获。很多时候，这些意外收获也将成为我们灵感的新源泉。

6.4.4 后续情节

有了精彩的故事背景、丰满的故事梗概以及恰当的行文风格后，我们的这篇小说，就如同拥有了牢固的地基。接下来，我们就可以期待一座高楼的平地而起了。

此外，确定后续情节的重要性，同样不容忽视。

　　尽管 ChatGPT 是包含了超过 1750 亿参数的大模型，堪称人类迄今创造出的最强自然语言处理工具，但有时候，ChatGPT 对我们的创作思路仍可能产生误解。毕竟 ChatGPT 的诞生还不到 1 年，而人类对小说创作技艺的探索却超过千年。

　　这时，我们就可以逐步微调情节，让 ChatGPT 从偏离的轨道上回归正途。

　　我们以微调丹麦作家安徒生的《海的女儿》为例。

　　小美人鱼的勇敢和真挚感动过无数人，直到今天，丹麦首都哥本哈根入海口礁石上的小美人鱼铜像，依然是丹麦最受欢迎的旅游景点之一。很多人都曾想过，让小美人鱼与王子相认并共度幸福一生，这才是她值得拥有的圆满人生。那么，如何借助 ChatGPT 实现这样的情节转换呢？

> **输入问题：** 你是一位专业作家。你能为安徒生的《海的女儿》设计一个情节，让王子觉察出小美人鱼才是自己的救命恩人，从而爱上了小美人鱼吗？

> ⑨ **ChatGPT：** 当王子和小美人鱼在岸边共舞时，小美人鱼突然感到一阵强烈的疼痛，她勉强忍住了痛苦，不想让王子担心。为了让王子明白她才是王子的救命恩人，小美人鱼把自己的项链掉到了王子的脚边，项链上插着一枚王子赠予救命恩人的珍珠。当王子看到项链上的珍珠时，他突然想起了曾经被救的情景，他明白小美人鱼才是真正救了他的人。
>
> 　　王子向小美人鱼道谢，表达了对她的感激之情。从此，两人相处的时间越来越多，渐渐地被对方深深地吸引。王子渐渐发现自己对小美人鱼产生了特殊的感情，他开始理解小美人鱼的付出和爱意，在小美人鱼受伤时第一个赶到她身边，关怀备至。最终，王子和小美人鱼结为夫妻，他们一起生活在海里，过着幸福快乐的生活。

　　对于这样的回答，我们感到开心但又不完全开心。虽然故事拥有了幸福的结局，但王子其实是无法进入海底生活的，这使剧情仍有待修改。此时，我们可以通过提示词进一步追问 ChatGPT，让 ChatGPT 继续按照我们的设想给出回答。

输入问题： 王子是人类，无法生活在海里，有什么办法解决这个问题吗？

⑥ **ChatGPT：** 这个问题确实存在一些难度，但是如果我们稍微做一些调整，就可以想出一些可能的解决办法。

例如，我们可以假设王子家族本身就与海洋有着某种特殊的联系和传承，拥有海洋生物特有的一些能力。这样的话，小美人鱼通过自己的力量和聪明才智，可以为王子家族带来更多的好处，并在此过程中逐渐获得他们的接纳和认可。最终，王子和小美人鱼可以借助这些特殊能力，在海里共同生活，并与外界保持着适当的联系和合作关系。

还有一个可能的解决方案是，我们可以让小美人鱼成为王子的妻子后，利用她的愿望之泉来帮助王子在水中生活。虽然这个设定不太符合安徒生原著的情节，但是在改编的版本中也曾有过相应的想法，例如，电影《小美人鱼》中的故事结局。

总之，这个问题的解决方案可以根据具体情况和设定进行灵活调整，以使故事情节更加连贯和自然。

ChatGPT 能够在我们的追问下，一次次迭代情节的版本。只要我们在创作时善用小说叙事结构，ChatGPT 就可以在提示词的提醒下，用有限的结构产生无限的创意，让剧情不断趋于合理化，并且产生感人的戏剧张力。

借助 ChatGPT 创作小说，就好像一段沿途风景充满新鲜感的神奇旅程。如同英国作家查尔斯·狄更斯所说，小说的精髓，在于使大家进入你创造的新世界中去，让人们笑，让人们哭，让人们期待。而 ChatGPT，就是帮助我们跳出思维定式，激荡灵感火花的可靠伙伴。

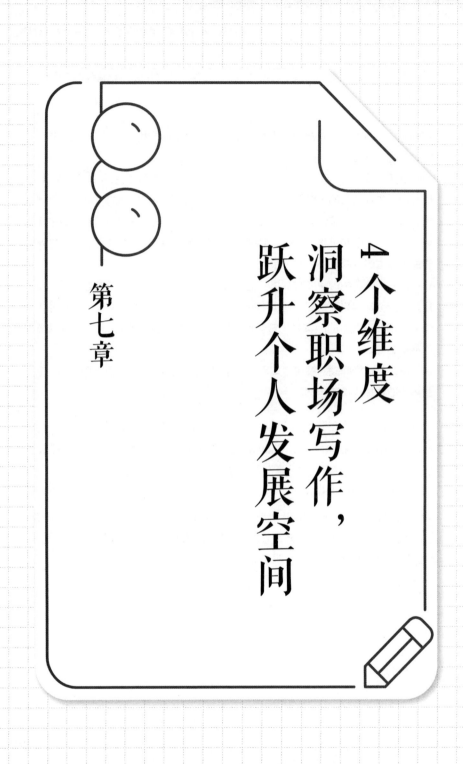

第七章

一个维度

洞察职场写作，

跃升个人发展空间

在未来，我们应该乐见ChatGPT逐步替代掉我们职业生涯中80%的机械性工作。因为，这就意味着我们将专注于那最富创造力的20%的工作，可以尽情地放大我们作为自主思考者所独有的核心优势，而且是指数级放大。在本章中，通过了解ChatGPT在我们撰写年度总结、活动策划、线上课程文案以及数字人直播文稿时的助力作用，我们将看到ChatGPT如何在我们职业生涯的不同阶段始终陪伴在我们身边，帮助我们洞察职场写作，跃升个人发展空间。

7.1 撰写年度总结的3个要点

ChatGPT除了能够探索一系列创意写作，助力我们塑造个人品牌价值以外，还能够洞察一系列职场写作，助力我们跃升个人发展空间。

与探索创意写作时一样，我们可以让ChatGPT或其他线上助手为我们感兴趣的职场写作内容直接给出成品方案。事实上，如果连朋友圈文案、小说等创意写作内容都有种类繁多的模板化生成器，那么，格式相对固定的职场写作内容就更不缺模板填写类工具了。

不过，各类职场写作内容，通常事关我们的职业发展前景。对此，我们更稳妥的撰写方式，无疑是用合理的提示词引导ChatGPT，使之给出细节丰富化、形式多元化的内容来启发我们的全新灵感。

这样一来，ChatGPT能真正发挥出其人工智能技术驱动的自然语言处理工具的独特优势，从而在一系列职场写作内容上，助力我们的每一次职业生涯跃迁。

在我们的日常工作中，最容易被忽视、实则却价值巨大的职场写作内容，就是年度总结。

一份逻辑清晰、重点突出的年度总结，对于我们的价值是弥足珍贵的。年度总结是一个人在过去一年中的工作成果、思考和计划的综合体现。它不仅可以让领导对员工的工作表现进行全方位了解和评估，还可以帮助员工对自己的工作进行深入分析和反思，以便进一步提高自己的工作水平和能力。通过总结过去的工作经验和成果，员工也可以更好地认识自己的职业定位和职业发展方向，从而制定更加明确和有效的职业规划。

要想更好地撰写一份年度总结，我们通常需要在年度总结中写好以下三个方面的内容。

第一个方面是专业能力。我们的专业能力是我们在工作中实现成果的基石，也是我们职业发展的关键。专业能力主要体现在我们对工作内容的理解、对工作技能的掌握以及对工作环境的适应上。在年度总结中，我们应该思考和总结自己在这些技能方面的表现，如自己的成长、优势等。

第二个方面是工作实绩。工作实绩是我们专业能力的体现，也是我们对工作的投入和热情的证明。在工作总结中，我们应该详细地列出我们在过去的一年里取得的所有成果，无论是大的项目还是小的改进，我们都应该对其进行详细的记录和展示。同时，我们也应该分析这些成果的影响，论述它们给团队、给公司带来了怎样的变化。这样我们不仅能展示自己的工作能力，也能让他人看到我们的价值。

第三个方面是工作展望。工作展望是我们对未来的设想和准备，它展示了我们的职业理想和职业方向。在年度总结中，我们应该列出我们下一阶段在工作上与个人发展上的期望与计划。同时，我们也应该分析自己会如何实现这些计划，需要做出哪些努力、将可能面对哪些挑战，以及可能需要哪些支持和资源。

由此，当借助 ChatGPT 撰写一份年度总结时，我们应该高度关注岗位核心技能、工作成果展示以及下一年度计划这 3 个要点。如果我们善用 ChatGPT 的力量突出我们在这些要点上的表现，那么我们的年度总结将会成为我们职业发展的关键支点。

7.1.1 岗位核心技能

理解并认清自己所在岗位的核心技能，将为我们更好地撰写年度总结带来巨大帮助。可以说，岗位核心技能是我们评估自己的工作成果、规划自己的职业发展的基础。

认清岗位核心技能，我们可以更好地理解自己的工作重点。每个职位都有其特定的核心技能，这些技能是在完成这个职位的工作任务时不可或缺的。例如，一位软件工程师需要掌握编写代码的能力，一位销售人员需要掌握快速与人熟络的能力等。只有掌握了这些特定技能，我们才能在自己的岗位上做出贡献，实现自己的工作目标。

如果一位软件工程师拥有乔·吉拉德、汤姆·霍普金斯等知名销售冠军水准的沟通能力，但他的编程水平却在行业内排名倒数，那么，他也难以在自己的岗位上常年表现出色。

在年度总结中凸显特定的岗位核心技能，才能让公司管理层明白我们对自己的岗位职责有清晰认知。对此，ChatGPT 可以在提示词的引导下，阐述我们所在岗位的核心技能，让我们在动手撰写年度总结前做到有的放矢。比如下面这个例子。

输入问题： 你是一位人力资源管理专家。我是一位由软件工程师转岗而来的软件公司的项目经理，现在需要撰写我的年度总结。请介绍一下，我需要在我的年度总结中，重点凸显我现在所处岗位的哪些岗位核心技能？

---

⑤ **ChatGPT：** 在你撰写年度总结的过程中，理解并强调你作为一个软件公司项目经理所需要的岗位核心技能十分重要。作为项目经理，你的角色涵盖了一系列跨领域的技能和能力，包括项目管理能力、领导能力、问题解决能力、沟通能力、风险管理能力以及决策制定能力。在你的工作总结中详细说明并强调你对于岗位核心技能的运用，将有助于展现你的工作能力和你对公司的贡献。

首先，项目管理能力是你的核心职业技能，包括时间管理、资源配置、项目计划、项目执行以及项目质量管理等。在你的工作总结中，你可以详细描述你如何有效地管理和执行各个项目，以及你如何在有限的预算和时间内成功完成项目。

其次，作为项目经理，你的领导能力至关重要。领导能力涵盖了你如何引导、激励并管理你的团队，以及你如何对团队进行战略指导以达成项目目标。

在你的工作总结中，你可以描述你如何利用自己的领导技能来管理和开发你的团队，以及你如何成功地引导他们与你一起完成项目目标。你可以列举一些具体的情况，例如，你如何通过提供明确的方向、持续的反馈以及合适的激励来提升团队的绩效。

接下来，问题解决能力是另一个重要的技能。作为项目经理，你需要预见并解决在项目推进过程中可能出现的各种问题。你可以在工作总结中描述你如何应对和解决项目中的问题，以及你如何运用创新和批判性思维来预防问题的发生。

再次，作为项目经理，沟通能力也是必备的技能之一。在项目管理过程中，你需要与团队成员、利益相关者以及客户进行有效沟通。在你的工作总结中，你可以强调自己如何通过良好的沟通来促进项目的进度，以及建立和维护良好的利益相关者关系。例如，你可以描述自己如何通过定期的项目会议、清晰的项目报告以及适时的反馈来保持透明和开放的沟通。

此外，风险管理能力是项目经理的另一项核心技能。你要有能力预测和处理项目中可能出现的风险，并采取相应的应对措施。在你的年度总结中，你应该详细描述自己如何评估并处理项目中的风险，如何采取措施来减小风险对项目的影响，如何做好风险应对预案，以及如何确保项目按时、按质、按量地完成。例如，你可以描述在项目初期，你如何识别出潜在风险，然后制定出详细的应对策略，最后成功降低了风险对项目的影响。

最后，决策制定能力也是项目经理的重要技能。在项目实施过程中，你会遇到各种需要做决策的情况，如何做出正确的决策将直接影响项目的进展。在你的年度总结中，你可以列举出自己在过去的一年里做出的一些重大决策，以及这些决策如何推动了项目的成功。例如，你可以描述当项目遇到困难时，你如何进行权衡，最后做出了正确的决策，成功地推动了项目的进展。

作为软件公司的项目经理，你需要在工作总结中重点强调你的项目管理能力、领导能力、问题解决能力、沟通能力、风险管理能力以及决策制定能力等核心技能。在年度总结中强调你对这些核心技能的运用，将有助于你展现自己的职业能力和成就。在描述这些技能时，你应该尽量提供具体的例子，以便让阅读这份年度总结的人更好地理解和评估你的工作能力。

✑ 7.1.2　工作成果展示

工作成果展示，是我们写好年度总结至关重要的一环，它对于我们年度总结的整体质量的提升起到了决定性作用。

一方面，更好的工作成果展示，可以帮助我们更有效地向上级和同事展示我们的成就。在年度总结中，我们应该详细地描述自己过去一年的主要工作成果，包括我们完成的项目、实现的目标、解决的问题以及其他成就。这些都是我们工作的一部分，而且是外界评价我们工作表现的关键因素。通过详细地展示我们的工作成果，可以让各方看到我们的贡献，这将有助于我们在工作中得到更多的认可和尊重。

另一方面，更好的工作成果展示，也是展现我们专业能力和职业素养的重要途径。通过详细、准确、客观地展示我们的工作成果，可以让外界看到我们良好的专业技能和职业素养，这将进一步提升我们的职业形象和信誉。如果我们想要在一个行业内长期立足、稳定发展，那么，优良的职业形象和信誉就是我们必须要重视的。

对此，具有海量知识储备的 ChatGPT，能为我们提供一系列高效助力。比如下面这个例子。

输入问题： 你是一位人力资源管理专家。我是一位活泼大方、有亲和力、业绩优秀的带货女主播，现在需要撰写个人的年度总结。请介绍一下，我需要在我的年度总结中如何展示自己的工作成果。

---

⑤ ChatGPT: 撰写自己的年度总结时，工作成果的展示是其中非常重要的一部分，它有助于更全面、更直观地展示你过去一年的工作成绩。良好地展示你的工作成果，不仅可以体现你的专业能力，还可以提升你在公司内的影响力。以下是我对于你如何在年度总结中展示工作成果的一些具体建议。

首先，一年的工作成果展示并不是一个数字游戏，而是要更全面、更深入地展示你的工作，因此，在撰写年度总结时，你首先要清晰地了解自己的职责和目标是什么。比如，你的主要职责是通过直播销售产品，提高品牌知名度，扩大粉丝群体，提升粉丝活跃度等。其次，你就可以根据这些职责和目标，来选择和准备你要展示的工作成果。

然后，你要明确自己想要展示的具体成果。在你的工作中，最直观的工作成果无疑是你的销售业绩。你可以提供一些具体的数字，包括你在过去一年中进行了多少次直播，销售了多少产品，创造了多少销售额等。例如，"在过去的一年里，我主持了 200 场直播，累计销售额达到了 3000 万元，其中有一次直播的销售额达到了 750 万元。"这些具体的数字可以直观地展示你的销售能力，是你工作成果的重要组成部分。

除了销售业绩，你还可以展示自己在粉丝互动和社区建设方面的工作成果。你可以提供一些具体的数据，包括你的粉丝数量的增长、粉丝的活跃度、粉丝的互动情况等。例如，"我的微博粉丝数量从去年的 110 万增长到了现在的 170 万，每次直播的平均观看人数从 5000 人增长到了 8500 人，每次直播后的评论数量平均在 5000 条以上。"这些数据可以展示你在粉丝互动和社区建设方面的努力和成果，是你工作成果的重要组成部分。

当然，数字并不能完全代表一切，你还可以通过生动的案例和故事，来展示你的工作成果。具体来说，你可以分享一些你在推广产品方面的成功案例。比如，你可以说，"我曾在一次直播中，推广了一款新上市的护肤品，通过我的精心介绍和推广，这款产品在那次直播中就销售了 3000 件，创下了它新品首发的销售纪录。"这个案例可以显示你如何发挥自己的专业技能和影响力，达成了出色的产品推广效果。

你还可以分享自己如何利用直播平台，为品牌和产品创造了额外的价值。比如，你可以说，"我曾和一家品牌方合作，在直播中，我不仅成功销售了他们的产品，还帮他们提升了品牌知名度，为他们吸引了更多的粉丝。"这个案例可以显示你的价值不仅在于销售，还在于你能够为产品创造额外的价值。

在展示自己的工作成果时，你可以谈谈自身的成长和提升。作为一名专业的带货主播，你肯定需要不断地学习和提升，以适应不断变化的市场和观众需求。你可以分享自己参加的一些培训和学习，以及从中得到的收获。比如，你可以说，"在过去的一年里，我参加了 5 个主持人训练课程，从中学到了很多新的主持技巧和演说技巧，这使我在直播中的表现更加自然和自信，我也得到了观众的高度评价。"这些完全可以成为你工作成果的一部分，大家能从中看到你不断学习和提升的态度。

在年度总结中，你也应该展示自己的团队合作能力。如果你的工作需要与其他团队或部门合作，那么你在团队合作中的表现也是你工作成果的一部分。你可以分享自己如何与团队成员有效沟通，如何协助团队成员提升效率等。比如，你可以说，"我曾与我们的营销团队密切合作，一起策划了一次大型的线上销售活动，这次活动的参与人数和销售额都创下了公司的全新纪录，这离不开我们团队的紧密合作和共同努力。"这可以展示你的团队合作能力，它也是你工作成果的一部分。

综上所述，展示工作成果需要考虑很多因素，包括你的销售业绩、粉丝互动、个人成长、团队合作情况等。这不仅需要你有很好的数据思维，还需要你通过具体的案例和故事，将自己的工作成果生动而具体地展示出来。

7.1.3 下一年度计划

下一年度计划也是一份优秀的年度总结的必要组成部分，这一部分的出彩，将使外界真正看到我们所具备的事业发展潜力。

首先，下一年度计划是我们对未来的展望和设想，它描绘了我们希望达到的目标和理想。这样的设想有助于我们明确方向，集中精力，以更高效、更有针对性的方式投入未来的工作中。

其次，下一年度计划是我们为实现目标所制定的具体策略和行动计划。它可能包括我们需要学习的新技能、需要改进的工作方法、需要关注的新趋势等内容。这些策略和行动计划是我们实现目标的具体步骤，也是我们在日常工作中的指导和参考。

再次，下一年度计划是我们评估自己表现和进步的标准。在制订下一年度计划时，我们通常会设定一些可衡量的目标，这些目标为我们提供了一个明确的评估标准，将有利于我们在工作过程中进行自我监督，也便于我们在年底时对自己的工作进行评估和反思。

最后，下一年度计划也是我们展现自我驱动能力的一个重要平台。一位优秀的员工不仅需要完成好自己的工作，还需要有规划自己的未来、主动寻求发展的能力。通过下一年度计划，我们可以向外界展现我们的积极态度与自我规划能力，这对于我们的个人职业发展乃至晋升是非常关键的。

在撰写下一年度计划时，ChatGPT能够在提示词的合理引导下，为我们带来一系列言之有物的建议。比如下面这个例子。

输入问题： 你是一位人力资源管理专家。我在一家知名的意式餐饮连锁企业担任一家大型门店的店长，现在需要撰写个人的年度总结。请介绍一下，我需要在我的年度总结中如何撰写我的下一年度计划。

⑤ **ChatGPT：** 撰写下一年度计划，对于你的年度总结来说是一个重要的部分，它描绘了你的期望和对未来的设想。作为一家知名意式餐饮连锁企业的大型门店的店长，你的规划可能涉及多个方面，下面我会提供一些关于如何撰写下一年度计划的建议。

首先，你需要明确自己的目标。你应该考虑自己在明年想要达成哪些目标，这可能包括提高销售额、提高客户满意度、提升团队合作等。为了让目标更具体和可测量，你应该设定一些量化的指标。比如，你可以设定将门店的年销售额提升10%，或者将门店的客户满意度提高到95%等。

其次，你需要思考自己如何达成这些目标。你应该制定一些具体的策略和行动计划。比如，为了提高销售额，你可能需要开展一些营销活动，或者提升门店的菜品质量；又如，为了提高客户满意度，你可能需要提升门店的服务质量，或者改善用餐环境。

再次，你需要考虑自己的个人发展和职业规划。你应该在下一年度计划中谈论如何提升自己的管理能力，或者如何学习一些新的技能。比如，你可以表示自己将参加一些管理培训课程，或者阅读一些管理类的书籍和文章。

然后，你需要考虑自己的团队。作为一家大型门店的店长，你的工作不仅仅是管理门店，还需要领导和激励你的团队。你应该谈论如何提升你们团队的效率和士气。在你的下一年度计划中，你应该提及将开展一些团队建设活动，或者为团队成员提供一些培训和发展机会。

最后，你需要定期回顾和评估自己的规划。下一年度计划不应该是一次性的，你应该定期回顾和评估自己的完成进度，根据实际情况对其进行调整。这

> 可以帮助你更好地了解自己的工作，从而更有效地实现自己的目标。
>
> 总之，下一年度计划是你对未来一年的展望，是你的职业发展的蓝图。你需要对多个方面进行规划，制定出明确、具体、可行的目标和策略。同时，你也需要根据实际情况对其进行调整，以便更好地适应变化、更顺利地实现目标。这样的规划不仅能帮助你更好地理解自己的工作，也能让你的上级和同事更深入地了解你的工作和目标，从而促进你的职业发展。

可以看出，从具体目标到实现方法，从个人提升到团队培训，ChatGPT 给出了一份颇具价值的参考建议。

当我们未来可以结合 ChatGPT 的回答高效撰写自己的年度总结时，我们的职业生涯也将因为更多人对我们的肯定，而迎来更大的机遇。

7.2 ｜ 撰写活动策划的4个要点

在今天的职业环境中，我们常常需要组织和参与各种各样的活动。这些活动可能是公司的内部会议，也可能是产品的发布会，还可能是客户的招待活动等。无论是什么样的活动，我们都需要通过合理的构思与策划来达成我们的目标。因此，撰写活动策划，是大多数职场人士都应该掌握的一项重要技能。

那么，如何才能更好地撰写活动策划呢？优秀的活动策划的四个特征如下。

（1）精准性。一份优秀的活动策划，需要我们对活动的各个环节都有深入的理解和精准的把握，并能够为每一次活动都营造出独特的氛围。

（2）专业性。在策划一次活动时，我们应尽量为活动增添丰富的内容，帮助参与者获得深度的知识和信息。

（3）顺畅性。在一份活动策划中，一个清晰、连贯、高效的整体流程，也是保证我们的活动圆满达成预期目标的关键。

（4）全面性。只有我们在策划活动的过程中全面考虑各类突发状况，并对其分别给出合理的预案，我们才能尽量降低各类突发状况对活动的影响，让活动顺利地开展。

总之，策划活动是一个需要我们综合考虑多项因素的过程。针对一些流程简单的活动，我们确实可以打开各类随处可见的模板生成器，快速撰写活动策划。但是，如果我们在策划一些大型的重要活动时也这么做，那么我们就是在拿自己的职业声誉冒险了。

接受过海量数据资料训练的 ChatGPT，能够通过在活动地点、嘉宾名单、活动流程以及突发状况预案这 4 个要点上给出细致回答，助力我们撰写出更优秀的活动策划，使活动的参与者能够从活动中获得满意的体验。

当我们在 ChatGPT 的陪伴下，具备了更优秀的策划活动的能力后，我们的职业生涯也将因此获得更开阔的前景。

7.2.1　活动地点

选好活动地点，是一份活动策划成功的基石。

活动的顺利进行无法脱离具体的场地，因此，活动地点的选择会直接影响到活动的效果。选择地点时，我们需要考虑其各个方面的条件，如场地的空间大小、地理位置、周围环境、配套设施等。

活动场地的空间大小要能够满足活动人数的需求，避免出现过于拥挤或空旷的情况。活动场地布局要合理，应方便所有参与者自由地参加活动中的各个环节。活动的地理位置则关乎参与者的出行便捷程度，方便的交通和良好的地理位置能够大大提高参与者的参与热情。此外，活动场地的周围环境和配套设施也需要我们细心考虑，环境优雅的活动场地能够为活动营造良好的气氛。

在选择活动地点方面，ChatGPT 的作用不容小觑。通过在内容丰富的数据库中开展对比与选择，ChatGPT 将为我们带来值得参考的关于活动地点的建议。比如下面这个例子。

输入问题： 你是一位活动策划专家。我们需要在苏州举办一场沉浸式互动艺术大展，请介绍一下，活动地点选在哪里更合适。

ChatGPT： 选择活动地点是活动策划中的重要环节，特别是对于沉浸式互动艺术大展而言，活动地点的选择关系到艺术作品展示的效果以及观众体验的质量。在苏州举办这样的活动，我们需要考虑的因素包括地点的交通便利性、空间环境、配套设施、文化氛围等。经过分析，我认为苏州文化艺术中心是举办这次活动的理想地点。

首先，从地理位置上看，苏州文化艺术中心位于苏州市的中心地带，交通便利，周边配套设施齐全，无论是自驾、乘坐公共交通还是步行，都能轻松抵达。这种便捷的交通条件对于吸引观众有着至关重要的作用，它不仅能降低参与者的出行成本，也能扩大活动的受众范围，让更多的人有机会参与到这场艺术盛宴中来。

其次，从硬件设施来看，苏州文化艺术中心是集演艺、展览、教育、娱乐于一体的综合性文化设施，它拥有先进的设备和完善的设施，包括宽敞的展厅、多功能会议室、舞台灯光音响系统等，可以为各种艺术展示提供合适的场所。而沉浸式互动艺术大展需要的不仅是足够的空间，更是高质量的音响、灯光、影像等设备以及舞台，这样才能真正实现艺术和观众的互动，让艺术作品充分展现其自身魅力。在这些方面，苏州文化艺术中心都能满足。

再次，从软实力方面考虑，苏州文化艺术中心拥有一支经验丰富、专业素养高的团队，他们懂得如何运用场馆资源，优化活动流程，满足不同艺术展览的独特需求，能够为活动的顺利进行提供保障。他们对艺术有深厚的了解和热爱，对各种艺术活动的举办有丰富的经验，能够提供一站式专业服务，使活动策划和执行更为高效，从而可以确保活动质量。

最后，苏州文化艺术中心本身就充满艺术气息，它的环境和氛围本身就能够激发参与者的艺术热情，使他们更愿意深入参与、积极互动，从而提高活动的参与度和观众满意度。无论是室内设计还是室外环境，苏州文化艺术中心都充满了浓厚的艺术氛围，它能够和沉浸式互动艺术大展的主题完美契合，且能够为艺术家和观众创造出一个充满创新和灵感的空间。

总之，苏州文化艺术中心作为沉浸式互动艺术大展的举办地，不仅能满足活动的硬性需求，还能提供独特的艺术气息和文化底蕴。这样的选择，无疑将使这场艺术大展成为一次难忘的艺术盛宴，让人们在享受艺术的同时，更深入地理解艺术、感受艺术。

7.2.2 嘉宾名单

拟定一份合理的嘉宾名单，能够为活动带来诸多亮点。

与会嘉宾是活动的重要组成部分，他们的身份和形象直接影响到活动的影响力和专业性。在邀请嘉宾时，我们需要考虑到他们的社会影响力、专业背景、人格魅力等多项因素。对于不同性质、规格的活动，我们需要有针对性地邀请不同的嘉宾。

选择得当的嘉宾名单，可以大大提升活动的知名度。有影响力的嘉宾，通常拥有广大的粉丝群体，他们的参与将为活动吸引更多的关注和讨论。同时，选择符合活动主题的、受公众喜爱的嘉宾，不仅可以提升活动的吸引力，同时还有利于树立和维护活动主办方的良好形象。

由此可见，拟定嘉宾名单是一项颇具难度的工作。而在 ChatGPT 能够为我们带来一系列助力的今天，我们完全可以细致思考 ChatGPT 给出的建议，使活动的出席嘉宾为观众带来更多惊喜。比如下面这个例子。

输入问题： 你是一位活动策划专家。我们需要在北京举办一场活动："人工智能时代的美妆行业数字营销创新论坛"，请介绍一下，活动嘉宾选择哪些专家会对观众更有吸引力。

ChatGPT： 在策划举办在北京的"人工智能时代的美妆行业数字营销创新论坛"时，选择适合的活动嘉宾十分重要。嘉宾的选择应该以主题为依据，邀请在美妆领域、人工智能以及数字营销领域有深厚知识储备与深入见解的专家，以便给观众带来最新的观点和信息。以下是一些可能的嘉宾人选。

1.美妆行业领先企业的高级管理人员：这些嘉宾可以提供关于美妆行业的专业见解，以及他们如何在人工智能时代推动行业发展的实例。同时，他们也可以提供关于美妆行业未来趋势的分析，从而使观众对美妆行业的未来有更清晰的理解。

2.数字营销领域的知名人物：这些嘉宾可以分享数字营销方面的最新趋势与技术，以及其在美妆行业中的实际应用。他们的见解将使观众了解到数字营销的最新发展，以及如何将这些新的技术和策略应用到自己的业务中。

3.人工智能技术专家：这些嘉宾可以带来人工智能技术在美妆行业的应用案例，并讲述人工智能技术如何在营销策略中起到关键作用。这些内容将有助于观众理解人工智能技术的实际价值，并思考如何在自己的业务中运用这些技术。

4.知名美妆博主：这些嘉宾可以分享他们在社交媒体上推广产品的策略和经验。他们的分享内容对活动的参与者们，尤其是对那些希望通过数字营销提升品牌影响力的企业家们而言，具有很高的参考价值。这些分享将帮助活动的参与者理解，如何更有效地利用社交媒体平台进行营销推广。

5.知名企业家和投资人：这些嘉宾可以分享他们的创业经验、投资观察或对行业未来的预测。他们的见解对于那些希望在这个领域寻求商业机会的活动参与者而言，具有很大的吸引力。

6.学术界的研究者和教授：他们可以提供对人工智能和数字营销方面的理论分析和研究成果，以此来丰富论坛的内容，使其既具有实际操作的指导性，也具有理论研究的深度。

总之，为了使这个论坛吸引更多观众，你需要选择在美妆领域、人工智能以及数字营销领域有渊博的学识，并能提供深入见解和实用建议的专家作为嘉宾。这样的嘉宾名单，将确保你的论坛内容丰富，使其对参与者具有实际的参考价值。

7.2.3　活动流程

活动流程的合理设计，是活动整体顺畅性的重要保障。

一个明确而有条理的活动流程，能够确保活动按照我们预定的时间和顺序进行，从而提高活动的整体效率。这意味着嘉宾和观众都可以在预定的时间内获得所有的信息，从而在活动结束时获得满意的参与体验。

同时，活动整体流程的结构明确、有条不紊，也会使大家认为活动主办方非常专业、细心与负责。这对于我们提升自身的专业形象和信誉度有着重要作用。

在我们设计恰当的活动流程以提高活动的效率、提升活动主办方的专业形象时，ChatGPT无疑可以扮演得力助手的角色。通过参考ChatGPT给出的兼具逻辑性与新颖性的活动流程建议，我们将更巧妙、更合理地安排活动。比如下面这个例子。

输入问题: 你是一位活动策划专家。我们需要在伦敦举办一场云计算技术沙龙，请介绍一下，为了给大家带来好的参与体验，这次活动的流程应该如何设置。

🌀 **ChatGPT:** 云计算技术沙龙是一种知识丰富、技术导向的活动，旨在提供一个让参与者可以学习最新的云计算技术、交流见解并建立联系的平台。设计云计算技术沙龙的活动流程，需要考虑技术的深度和广度，以及与会者的需求和期望。以下是一份可能的活动流程设计，希望能给你提供一些参考。

1.注册与签到（30分钟）

活动开始前的这段时间用于让参与者进行签到，领取活动资料，并熟悉环境。这是个让参与者交流、破冰的好机会，它可以为活动的顺利进行奠定基础。

2.开场致辞与介绍（15分钟）

由活动主持人或组织者进行开场致辞，介绍活动的主题、目标和预期成果，同时也可以介绍一下活动的主要嘉宾和发言人，为接下来的活动做好铺垫。

3.主题演讲（1小时）

主题演讲是这次活动的核心部分，云计算行业的专家或企业经营者是发表主题演讲的理想人选。演讲者可以分享他们在云计算技术方面的最新发现、见解和预测。每位演讲者应有足够的时间深入介绍他们的主题，并在结束时留出时间回答参与者的问题。

4.中场休息（30分钟）

一次适当的休息是必要的，它可以给参与者提供一个休息和交流的机会，也可以帮助他们消化和理解刚刚听到的信息。同时，这也有利于参与者开展与演讲者的一对一交流。

5.圆桌论坛（1 小时）

在圆桌论坛环节，几位嘉宾可以围绕一个特定主题进行讨论，例如，云计算在特定行业的应用、云计算的未来发展趋势等。圆桌论坛环节也可以留出一段时间让观众提问，从而增强此次活动的互动性。

6.晚宴或联谊活动（1.5 小时）

以上议程结束后，你可以安排一次非正式的晚宴或联谊活动。这不仅可以给参与者提供一个放松的环境，也可以让他们有机会继续进行深入交流。在这个环节中，你可以设定抽奖等轻松环节，让活动在轻松愉快的氛围中进入尾声。

7.结束致辞（15 分钟）

活动的最后，可以由活动主持人或组织者进行结束致辞。结束致辞的内容包括总结活动的重点，感谢参与者的热情，向大家介绍未来可能的相关活动等。

在整个活动流程中，除了上述这些具体的环节外，我们还要特别注意的是，要确保整个流程的连贯性，让每一个环节都能为下一个环节做好铺垫，以确保活动的顺利进行。

7.2.4　突发状况预案

撰写一份思虑周全的突发状况预案，能够尽量降低突发状况对活动造成的影响。

在活动进行过程中，难免会出现一些预料之外的状况。这些状况可能会对活动产生不良影响，甚至有可能导致活动无法进行。这时候，一份完善的突发状况预案将变得至关重要。

活动的突发状况预案，需要考虑到活动中可能出现的各种情况，包括设备故障、人员变动、天气变化等，并为每一种可能出现的情况准备好应对措施。

撰写思虑周全的突发状况预案绝非易事，这需要我们深入了解活动的每一个细节，预测可能出现的问题以及设计应对这些问题的具体方案。

而在拥有海量活动举办情况数据的ChatGPT的帮助下，我们将有可能写出更加完善的突发状况预案，使活动的整体可靠性大幅提升。比如下面这个例子。

输入问题： 你是一位活动策划专家。我们需要在杭州举办一场电商行业创新交流会，请介绍一下，我们应该为活动设置哪些突发状况预案。

---

⑤ **ChatGPT：** 对于这个问题，我们需要考虑一场电商行业创新交流会可能会出现哪些突发状况，并对每一种情况制定相应的预案。以下是可能需要考虑的几个主要方面。

1.嘉宾无法到达或迟到

作为活动主办方的我们，其实无法保证每位嘉宾都能按时到达活动现场，也不能保证他们不会在路上遇到任何问题。为了应对这种情况，我们需要提前准备一份备选嘉宾名单，并与这些备选嘉宾保持联系，确保他们在我们需要的时候能够及时出席。此外，我们还需要与所有的嘉宾保持良好的沟通，提前了解他们的行程安排，以便在他们无法按时到达的时候迅速调整活动流程。

2.技术故障

在一场电商行业创新交流会上，我们可能会用到各种各样的技术设备，包括演示设备、音响设备、照明设备、网络设备等。这些设备都可能会出现故障，而技术故障往往会直接影响到活动的进行。因此，我们需要提前检查所有的设备，确保它们都能够正常工作。同时，我们还需要准备一份完备的设备故障应急计划，并在活动现场准备足够的备用设备。此外，我们还需要拥有一个专业的技术支持团队。这样一来，当设备出现问题时，他们就能够立即对设备进行修复，确保活动的顺利进行。

3.天气问题

天气是一个我们无法控制的因素，但它可能会对我们的活动产生一系列影响。如果此次活动的地点是室外，那么我们需要考虑可能出现的恶劣天气，如雷雨、高温等。为此，我们需要设立适当的防护设施，并为可能需要疏散的情况制定预案。如果此次活动的地点是室内，那么我们还需要考虑供电问题，如由于暴雨或打雷而导致停电。

4.交通问题

交通问题包括参与者的交通延误、活动地点附近的交通拥堵等。对于参与者的交通延误，我们可以通过提供充足的签到时间，以及提前向参与者发送详细的行程规划，来尽量避免这种问题的发生。对于活动地点附近的交通拥堵，我们可以通过提前了解道路情况，并及时向参与者告知这些道路情况，以确保参与者能够顺利地到达活动地点。

5.活动开支问题

活动开支问题包括活动的预算超支、活动的赞助商突然撤资等。对于活动的预算超支，我们需要在策划活动的初期就制订详细的预算计划，并在活动进行过程中对预算进行严格的控制。对于活动的赞助商突然撤资，我们需要在与赞助商签订合同的时候就设立相关的保障条款，并且在策划活动的过程中尽可能寻找多个赞助商，以降低单个赞助商撤资对活动的影响。

总之，为一场电商行业创新交流会制定突发状况预案，是一项复杂而非常重要的工作。只有通过深入的思考、细致的规划，以及充分的准备，我们才能应对可能出现的各种突发状况，保证活动的顺利进行。我相信，只要我们对每一个细节都进行充分的考虑，我们就能够成功举办这场电商行业创新交流会。

ChatGPT在提示词的引导下，很好地总结了一次活动中可能出现的突发状况，并提供了颇具实操性的处理方法建议。如果我们在问题出现时能够迅速应对，那么，参与此次活动的嘉宾与观众就会对我们的专业水准更加信服。

如果我们在每次策划活动时，都能够将许多微小的细节考虑得既精细又全面，为所有参与者提供非凡的体验，那么，这项能力不仅将对我们当前的工作有所帮助，还将为我们的职业发展带来长期的积极影响。

7.3 | 撰写线上课程文案的3个要点

随着工作经验的增加，我们对自己所在行业的理解也会不断加深。

当我们成为某个行业内的资深从业者后，无论我们是希望在自己任职的企业中更上一个台阶，还是希望成为开创独立事业的专家，拥有一门广受欢迎的线上课程对我们而言都是大有裨益的。

在知识付费课程的模式已经日趋成熟、各行各业都已涌现出一批热门课程的今天，要让自己的线上课程受到人们的称赞，绝非易事。这需要我们精心规划、设计与优化课程的一系列环节，让课程真正做到满足学员的学习需求与期待。具体来说，想要更好地撰写线上课程文案，我们应该让自己的线上课程符合有吸引力、有实用性、有可信性这三个特征。

首先，课程有吸引力是决定一门线上课程受到欢迎的直接因素。

在众多的线上课程中，只有那些能吸引人的课程才能引起潜在学员的注意。想要增强课程的吸引力，可以从课程内容、教学方式等多个方面做出努力。我们的课程内容需要与时俱进，紧贴学员的需求和痛点，需要富有创新性，引人入胜，不能仅仅复制书本知识。我们的教学方式需要活泼生动，教学过程要有激情，要能用生动的语言和独特的视角引发学员的思考和兴趣。只有这样，我们的课程才能在众多的线上课程中脱颖而出，吸引更多的学员。

其次，课程有实用性是保证一门线上课程能持久受到欢迎的关键因素。

一门线上课程再有吸引力，如果学员在学完之后觉得没有收获，那么这门课程也难以得到学员的好评和推荐。课程的实用性可以从提升学员的技能、解决学员的实际问题、提升学员的生活质量等方面来体现。毕竟我们教课的最终目的是要服务于学员的生活，帮助学员解决实际问题，提升学员的能力。在传授内容时，除了理论方面的基础知识，我们还应该通过实例教学，帮助学员掌握如何使用课程内容解决实际问题。只有这样，学员才会觉得这门课程值得学，值得推荐。

最后，课程有可信性是学员对课程建立信任的基础。

在一系列的线上课程中，只有具备可信性的课程，才能让学员放心购买，安心学习。课程的可信性可以通过展示我们的专业背景、教学经验、学员的评价和反馈等方式来建立。我们应该详细介绍自己的专业成就、教学风格等信息，以更好地树立我们的专业形象。同时，我们也应该展示一些学员的评价和反馈，以提高课程的大众认可度。这些都能有效地提升课程的可信性，从而吸引更多的学员前来报名。

由此我们不难发现，我们完全可以借助拥有海量信息储备的 ChatGPT 的力量，通过让自己的线上课程更有吸引力、更有实用性以及更有可信性，使课程成为所在领域内的热门课程。

接下来我们将通过了解 ChatGPT 在帮助我们优化课程主题、内容大纲以及课程详情页上的巨大作用，从而更好地撰写线上课程文案，为课程增加亮点。

7.3.1　课程主题

在制作线上课程时，课程主题的确定是非常重要的一步。课程主题可以说是一门线上课程的精髓，是决定潜在学员对课程产生兴趣、并进一步了解课程的首要因素。

一方面，课程主题是这门线上课程留给学员的第一印象，其好坏决定了这门线上课程能否吸引潜在学员的注意力。在信息冗余的今天，人们面对的信息量极大。因此，只有极具吸引力的课程主题，才能在众多的课程中脱颖而出，引起人们的强烈关注。一个优秀的课程主题，应该清晰明了地传达出这门线上课程的核心内容，让人一眼就能看出它所要讲授的内容，从而迅速对这门线上课程产生兴趣。

另一方面，课程主题的确定，关乎这门线上课程定位的准确性。课程主题的确定，实质上是对这门线上课程定位的一个明确，包括课程的目标受众是谁，课程解决的问题是什么，以及课程带给学员的价值是什么等。准确的课程定位，可以让这门线上课程更有效地触达目标人群，增强课程的影响力。

可见，对于我们的线上课程是否能成为热门课程，课程主题的选择与设定将起到关键性的作用。对此，ChatGPT 能够在提示词的合理引导下，调动其作为人工智能技术驱动的智能化自然语言处理工具的非凡能力，为我们带来一系列建议。比如下面这个例子。

输入问题: 你是一位新媒体写作专家。我是一位任职于知名猎头公司的资深猎头顾问,想开设一门帮助初入职场的年轻人写简历、面试的线上课程,请为我这门线上课程的课程主题提供一些建议。

⑥ **ChatGPT:** 一个引人入胜的课程主题对于创建一门成功的线上课程非常重要。好的课程主题可以引起潜在学员的兴趣,帮助你的课程在众多线上课程中脱颖而出。

作为一名任职于知名猎头公司的资深猎头顾问,你打算为初入职场的年轻人提供帮助,这是一个非常实用的课程主题。它覆盖了简历写作和面试技巧等重要领域,这些是每位寻找工作的年轻人都需要掌握的技能。

对于你提出的课程设想,我推荐的课程主题为"职场启航:一站式简历面试技巧精讲"。这个主题具有明确的指向性,同时传达了信息丰富、涵盖求职招聘领域全方位知识点的特点,既突出了你的专业背景,也精准聚焦了你的目标受众,那就是初入职场的年轻人。下面,我将详细说明为何我推荐这个课程主题。

首先,"职场启航"这个词组富有象征性和启发性。对于初入职场的年轻人来说,找到工作就像是开始一次新的人生旅程。这个词组充分考虑到了他们的心理状态,暗示了这个课程将指导他们顺利地开始这个旅程。

其次,"一站式"则暗示了这个课程将涵盖他们需要的所有关于求职的知识,包括如何写出吸引人的简历,以及如何在面试中表现出色。这个词语强调了课程的全面性和实用性,也暗示了学员可以在一门课程中获取所有必要的知识和技能,无须再去别的地方寻找其他资源。

再次,"简历面试技巧精讲"明确地指出了课程的主要内容。这将帮助潜在学员在浏览大量的线上课程时快速地找到你的课程。这个词组也暗示了你将提供深入的指导,而不仅仅是表面的建议。

最后,我们来看看这个主题将如何帮助你的课程成为受欢迎的课程。

针对性强:这个课程主题明确针对初入职场的年轻人,他们是一个非常大的潜在市场,他们中的许多人可能正面临着求职的问题,正在寻找有效的指导和帮助。

易于理解和记忆:这个课程主题简单直接,容易理解,这将有助于学员记住你的课程，并在需要的时候找到它。

全面性：这个课程主题强调了课程的全面性和深度，这将使你的课程在众多类似的课程中脱颖而出。这也可能吸引那些想要一次性学习所有必要知识和技能的学员。

显示你的专业知识：作为一名任职于知名猎头公司的资深猎头顾问，你有丰富的知识和经验可以分享。这个课程主题明确表达了你将提供深入的教学，这将有助于树立你的专业形象，让学员相信你的课程值得信赖。

反映出课程的价值：该课程主题的措辞强调了该课程将提供一站式的解决方案，有助于学员快速理解和吸收关于简历撰写和面试技巧的知识。这也凸显了你的线上课程的价值，使学员更愿意为此投资。

总之，一个吸引人的课程主题，可以大大提高你的线上课程的成功概率，使你的线上课程更有可能成为一款热门的课程。

7.3.2 内容大纲

内容大纲是一门线上课程的骨架，它规划了整个学习过程，为学员提供了清晰的学习路径。

一个明确、有逻辑的内容大纲，能帮助学员迅速理解课程的结构和内容，明确学习目标和步骤，增强自己的学习信心。不过，设计一份优秀的线上课程的内容大纲，也是一项并不容易完成的任务，它往往需要我们做到以下四点。

第一，我们需要理解自己的课程受众。在我们开始制定内容大纲之前，我们首先需要了解目标学员群体。他们的年龄、职业背景、学习动机、以前的学习经验，甚至包括他们的技术水平等信息都应被我们充分考虑。对学员的深入了解，将帮助我们更好地设计课程内容，满足学员的实际需求。

第二，我们需要定义清晰的学习目标。每一门线上课程都应有一个明确的学习目标，这是设计课程的出发点。学习目标应该明确地告诉学员，他们将要学到什么，以及这些知识和技能如何应用于实际场景中。同时，学习目标也是评估学员学习成果的基础。

第三，我们需要设计逻辑清晰的课程结构。优秀的内容大纲应该有一个明确、有逻辑的结构，能够帮助学员在整个学习过程中保持方向感。通常来说，一门线上课程可以被划分为若干个模块或单元，每个模块都会有一个或多个学习目标。模块之间的顺序应当富有逻辑，以确保学员能够在掌握入门知识的基础上逐步深入学习。

第四，我们需要提供持续的学习支持。在线学习需要学员有很高的自我驱动力，但这并不意味着学员需要独自面对所有的挑战。作为课程设计者，我们应提供持续的学习支持，帮助他们解决学习中遇到的问题。这可能包括定期的在线咨询、及时的反馈甚至提供一些学习技巧和策略等。

在撰写内容大纲方面，ChatGPT也能通过在学习内容方面给出细致的建议，为我们带来可观的价值。比如下面这个例子。

输入问题: 你是一位新媒体写作专家。我是一位在知名健身机构任职、有多年教学经验的健身教练，想制作一门关于腹肌训练的线上教学课程，课程的目标受众是广大的健身初学者。请介绍一下，我这门课程的内容大纲应该怎么写。

---

⑤ ChatGPT: 好的。我们首先需要明确课程的总体目标，以确保所有的课程内容都指向这个目标。对于一门针对健身初学者的腹肌训练课程来说，合理的目标是，帮助初学者了解腹肌的构造和功能，学习和掌握正确的腹肌训练方法，以此来提高他们的核心力量，并塑造理想的体型。接下来，我们来制定具体的内容大纲。

第一部分: 课程导读

在课程的开头，我们需要对整个课程进行一个总体介绍，包括课程的目标、课程的大致内容，以及为什么初学者应该选择这门课程。此外，我们还可以简单地讲解一下健身对身体健康的重要性，以此来提高学员们对课程的兴趣。

第二部分: 人体肌肉构造基础知识

在这一部分中，我们需要让学员们了解人体的肌肉构造，特别是腹部的肌肉构造。通过让他们了解腹肌的位置、构造以及功能，我们可以帮助他们更好地理解腹肌训练的重要性。

第三部分：腹肌训练的基本原理和方法

这是课程的核心部分。在这一部分中，我们需要讲解腹肌训练的基本原理，包括如何通过锻炼来增强腹肌的力量，以及如何通过腹肌训练来塑造体型。此外，我们还需要教授一些基础的腹肌训练动作，包括正确的动作要领以及常见的错误。

第四部分：详解基础腹肌训练动作

在这一部分中，我们将一一讲解每个基础的腹肌训练动作。我们可以通过视频的形式展示动作，同时，我们也需要讲解每个动作的注意事项，以防止学员在练习的过程中对身体造成伤害。

第五部分：制订个性化腹肌训练计划

每个人的体质和体能都是不同的，因此，我们需要教授学员们如何根据自身的情况制订个性化的腹肌训练计划。我们可以提供一些基本的模板，并教授他们如何根据自己的目标和体能进行调整。

第六部分：饮食与腹肌训练

想要达到理想的健身效果，仅仅依靠锻炼是不够的，饮食也是非常重要的一个环节。因此，在这一部分中，我们将讲解健康饮食的基础知识，并教授学员如何根据自己的健身目标来调整饮食。我们会详细解析蛋白质、碳水化合物、脂肪等主要营养成分的作用，并介绍一些适合健身者的食谱。

第七部分：预防运动伤害

为了保证学员的健康，我们需要让他们了解如何避免在训练过程中受伤。我们会介绍一些常见的运动伤害，如肌肉拉伤、关节扭伤等，并提供一些预防策略，如正确的热身和拉伸方法、正确的训练姿势等。

第八部分：课程总结

在课程的结尾，我们会对整个课程内容进行一个总结，并对学员的学习成果进行评估。我们可以设立一些小测验，让学员们自我检验是否真正掌握了课程内容。同时，我们也会给出一些后续的学习建议，以帮助他们持续提升。

此外，为了增强课程的互动性和吸引力，我们还可以设置一些互动环节，比如，设立讨论区，让学员们分享自己的训练心得；又如，举办一些小比赛，激励学员们坚持训练。

制定内容大纲的目的是确保我们的课程系统有针对性，能够满足学员们的需求。只有当我们明确了课程的内容大纲，我们才能设计出有效的教学内容和教学方法，从而帮助学员达到他们的健身目标。

7.3.3 课程详情页

当我们谈论线上课程的成功因素时，我们往往会关注课程的内容、教学者的知识和授课技巧等因素。此时，有一点我们常常会忽略，那就是课程详情页。事实上，这个看似无足轻重的部分，实则是决定课程报名总人数的关键。

课程详情页是学员决定是否购买一门线上课程的重要参考依据。它就如同一座桥梁，将课程和潜在的学员连接在了一起。通过课程详情页，学员可以了解课程的基本信息，包括课程的主题、大纲、教学者介绍，以及课程的时长、价格等。这些信息对于学员来说非常重要，他们需要通过这些信息来判断这门线上课程是否适合自己，是否值得购买。

同时，课程详情页也是一门线上课程品牌的展示窗口。经过精心设计的课程详情页，不仅可以吸引学员的注意力，还能够充分传递出这门线上课程的专业性和权威性。由此，通过课程详情页这个重要的营销和推广工具，我们可以展示一门线上课程的独特优势，激发学员的报名热情。

在制作课程详情页的过程中，文案的撰写是至关重要的。我们需要通过富有吸引力的语言和引人入胜的描述，使学员对课程产生浓厚兴趣，并产生报名的决心。对此，ChatGPT同样可以为我们提供重要的助力作用。比如下面这个例子。

输入问题： 你是一位新媒体写作专家。我曾是一位业界知名的财务总监，现在将要开设一门"未来财务精英训练营"的线上课程，它的目标受众是拥有 3 年以下从业经验的财务人员。请介绍一下，这门课程的课程详情页应该写哪些内容。

⑤ ChatGPT：当你作为一位知名的财务总监，计划开设一门针对拥有 3 年以下从业经验的财务人员的"未来财务精英训练营"线上课程时，为课程制作一份引人入胜的、准确表达课程内容的课程详情页是非常有必要的。以下是我建议的课程详情页内容，希望能够帮助你完成这项任务。

首先，在课程详情页的开头，你需要明确地告诉大家这是一门什么样的课程，以及这门课程适合哪些人。你可以从以下几个关键点来描述："未来财务精英训练营"是一门专为拥有 3 年以下从业经验的财务人员设计的课程，旨在提升他们的财务理论知识和实践能力，帮助他们提升职业素养，从而在职场中取得更大的成功。

其次，你需要详细介绍这门线上课程的内容，包括课程共有哪些模块，每个模块都涵盖哪些主题，以及学员完成这些课程后能够掌握哪些知识和技能。例如，"课程分为六大模块，包括财务基础知识回顾、财务报告分析技巧、预算编制与控制、成本分析与管理、资本预算与投资决策、现代财务战略思考，完成此课程后，你将对财务管理有一个全面的理解，能够运用财务报告分析公司的运营情况，精准制定预算并有效控制开支，利用成本分析法提高企业经营效率，懂得如何做出正确的投资决策，以及能从战略的角度看待财务问题。"

随后，你需要详细介绍这门线上课程的特色，让学员知道为什么应该选择这门课程，以及这门课程与市场上其他类似课程的区别是什么。比如，"本课程不仅教授理论知识，还会结合实际案例，让学员在实际操作中学习和应用理论。此外，课程还提供一对一指导服务，帮助学员解答在学习过程中遇到的问题。与其他课程相比，我们更注重学员的实际操作能力和解决问题能力的提升。"

接下来，我们要介绍主讲人的信息。在这个部分，你可以介绍自己的工作背景、行业经验和教学经验，尤其是你在财务领域的专业成就和理论功底。例如，"本课程由我，一位具有十多年财务领域工作经验的知名财务总监亲自授课。我曾在多个行业的知名公司任职财务总监，管理过数亿元资产，并且指导过众多财务人员，帮助他们提升专业技能，实现职业成长。"

然后，为了增强课程的可信度，你可以提供一些前学员的评价或者你的教学成果。例如，"在过去的几年里，我教导过的学员中有许多人已经在自己的职场上取得了显著的进步，从初级财务人员晋升为财务经理或财务总监，他们反馈说，这门课程帮助他们加深了对财务管理的理解，增强了自己解决实际问题的能力。"

接着，你可以介绍一下这门线上课程的学习方式和课程安排，比如，是线上视频课程还是直播、课程的时间长度、学习的进度安排等。例如，"本课程采用线上教学模式，总共 20 个课时，分为 8 周完成，每周将有 2 ~ 3 个课时的视频课程，每个课时包含理论讲解和实例分析这两个部分，每周定期会有一次线上答疑，我会在答疑中针对本周的课程内容，解答学员的疑问。"

最后，你可以对感兴趣的学员进行呼吁和激励。例如，"如果你渴望提升自己的财务分析能力，如果你希望在职场上脱颖而出，如果你想要成为财务领域的精英，那么，请不要犹豫，欢迎你加入我们的未来财务精英训练营，这有可能会是你职业生涯的一个转折点。"

通过以上这些步骤，你的课程详情页就能够全面而详细地展示你的课程，让潜在的学员对这门线上课程有深入的了解，并产生学习的兴趣。只要内容准确、表达清晰，我相信你的课程一定能够吸引到众多的学员。

在提示词的引导下，ChatGPT 为我们给出的课程详情页内容全面而亮点突出，可以很好地帮助我们总结、提炼课程对于学员的价值。当我们能够有效传递出我们课程的独特优势时，我们的课程就有可能真正吸引到为数众多的学员，并为他们带去我们多年来积累的经验与知识。

7.4 | 撰写数字人直播文稿的2个要点

在今天，越来越多的拥有丰厚学养的知识型人才，在期待数字人为自己所在行业，乃至为全社会带来巨大的效率提升。

数字人，是近期在人工智能、虚拟现实和数字传播等领域逐渐崭露头角的前沿应用。具体来说，数字人是通过数字技术创造出来的人类形象，这些形象可以被编程，以实现各种特定的动作、表情，甚至与观众进行语音交流。作为一种先进的技术应用，数字人可以被广泛应用于各类直播场景，为观众带来全新的互动体验，使信息传递过程更加生动和直观。

能够全天在线、低成本沟通的数字人，将极大拓宽我们知识的效用半径。

在突破了空间和时间的限制后，我们的数字人，可以把我们的知识和洞见分享给更多观众。从观众的视角来看，数字人的存在，使他们能够更容易、更直观地接触到专业人士的知识和观点。这不仅有助于提升他们的知识和能力，还有助于引导他们形成健康、积极的思考方式。而从我们的视角来看，数字人的存在，为我们打通了一条接收大家反馈的新渠道，我们将更了解自己的知识和观点在大家心目中的价值与意义，从而找到快速迭代的新方向。

由此我们不难发现，想要更好地撰写数字人直播文稿，我们就应该重视一份优秀的数字人直播文稿的两个特征：高度交互与通俗易懂。

在设计数字人与大家的对话时，我们需要让数字人的发言内容更贴合观众的兴趣，使我们的数字人能够和大家进行自然、流畅的交互。同时，我们在撰写直播文稿时，应该尽可能多地使用简单明了的语言，将可能涉及的专业术语进行改写，使其更易于理解。这样一来，观众不仅会感到更亲切、更舒适，还会更有兴趣关注我们接下来的数字人直播活动。

要创作符合这些特征的数字人直播文稿绝非易事。对此，已接受过大量文本数据训练的 ChatGPT，可以在对话模块设计与专业术语改写这 2个要点上为我们建言献策，助力我们更高效地撰写数字人直播文稿，实现我们分享知识、惠及观众的美好愿望。

7.4.1　对话模块设计

对话模块设计是决定我们的数字人可以与观众进行流畅、自然的交互的关键。在直播场景下，对话模块设计的质量高低直接影响着观众的观看体验的好坏，甚至可能决定观众是否会继续关注直播。

受大家欢迎的对话模块，应该满足以下几点。

（1）提升信息传递效率。对话模块设计的好坏直接影响到信息的传递效率的高低。优秀的对话模块，应该能够帮助我们清晰、准确地传递信息，让观众更容易理解直播内容，进而提升信息的传递效率。这对于那些需要传递大量专业知识的直播而言特别重要。

（2）提升直播的吸引力。一个设计恰当的对话模块，应该能够让数字人的语言更加自然流畅，更接近人类的交流方式。这不仅能提升直播的吸引力，也能帮助我们更高效地表达心声。因此，恰当的对话模块设计对于提升直播的吸引力，能起到非常关键的作用。

（3）帮助观众学习和理解知识。在与数字人交互时，观众总是希望能够尽快理解和掌握知识，进而提升自己的学习效率。由此，对于那些包含专业知识或复杂信息的直播，设计恰当的对话模块，应该能够帮助观众更好地理解这些知识或信息。

作为人工智能技术驱动的自然语言处理工具，ChatGPT 在设计这样的对话模块方面驾轻就熟。通过设计能够提升信息传递效率、提升直播的吸引力，以及帮助观众学习和理解知识的对话模块，ChatGPT 将为我们的数字人增加更多亮点。比如下面这个例子。

输入问题： 你是一位新媒体写作专家。我是一位女性时尚穿搭博主，需要制作数字人，帮助大家更好地学习在各种场合的穿搭。请介绍一下，我应该为我的数字人直播文稿设置哪些对话模块。

ChatGPT： 作为一位女性时尚穿搭博主，你拥有丰富的专业知识和独特的审美，这些都是打造你的数字人的宝贵资源。在制作数字人时，为了更好地帮助大家学习在各种场合的穿搭，你可以设置以下对话模块。

场合穿搭建议模块： 观众可能会遇到在某个特定场合下如何穿搭的困扰，如公司聚餐、朋友婚礼、面试、约会等。这个模块可以让数字人针对不同的场合，提供具体的穿搭建议，包括衣服、鞋子、饰品等。同时，数字人还可以根据季节、天气等因素调整建议，满足观众全方位的需求。

颜色搭配指南模块： 色彩是时尚的重要元素之一，良好的颜色搭配可以让穿搭更加出彩。这个模块可以让数字人教观众如何进行颜色搭配，例如，哪些颜色比较匹配、哪些颜色搭配分别适合哪些场合等。

时尚词汇解释模块： 在时尚界有很多专业的术语和词汇，普通观众对于这些术语和词汇可能难以理解。这个模块可以让数字人解释这些专业词汇，如款式名称、面料类型、设计元素等，以帮助观众更好地理解和参与时尚话题。

流行趋势解读模块：作为时尚博主，你的数字人还可以为大家解读时尚趋势。流行趋势模块可以让数字人分享当前的时尚趋势，包括流行的颜色、布料、设计风格等。这样一来，观众就可以在及时掌握最新流行趋势信息的同时，通过参考这些信息来进行自我穿搭的创新。

服饰护理与保养模块：购买了心仪的服装后，如何保养和护理也是观众非常关心的问题。在这个模块中，你的数字人可以分享各种衣物的保养小窍门，洗涤不同材质服装的方法以及如何妥善收纳和保护它们以延长使用期限等。

综上所述，作为一名时尚穿搭博主，创建数字人对于你来说是很有必要的。数字人可以帮助你的观众更好地理解并实践时尚穿搭，从而提升他们的自我形象和自信心。同时，数字人也可以作为你的代言人，展示你的专业知识和独特视角，帮助你更好地与观众建立联系。

7.4.2 专业术语改写

对于专业术语的改写，可以帮助我们增强信息传递效果、扩大知识传播范围。

专业术语改写的目标是使专业知识更易于理解，同时保留其基本意义并保持其准确性。专业术语改写的重要性，不仅体现在其可以提升数字人的直播效果，还表现在其可以帮助我们更好地实现知识分享和个人专业形象塑造。在改写专业术语时，我们主要考虑的因素包括以下几个。

（1）简洁明快的语言。尽管专业术语往往包含艰深的知识点，但在撰写数字人直播文稿时，我们应该使用简洁明快的语言来改写这些术语，尽可能使用观众更熟悉的词汇和表达方式，让观众可以更轻松地理解和接受这些知识。

（2）足够的背景信息。在对专业术语进行改写时，我们需要提供足够的背景信息，帮助观众理解这些术语的含义和用途。为此，我们可以在介绍专业术语时，提供相关的知识背景、使用场景等信息，让观众在了解专业术语的同时，也能理解这些术语在实际应用中的意义。

（3）保持内容的准确性。在改写专业术语时，我们需要尽可能地保留它的原始含义，避免因为改写而引发内容的歧义。因此，在改写过程中，我们需要寻求语言易于理解和保持专业术语精确性的平衡。

面对这项颇具挑战性的任务，ChatGPT同样能为我们带来可观的助力。通过为我们提供对专业术语的细心且富有创意的改写建议，ChatGPT将帮助我们的数字人更好地传播知识。比如下面这个例子。

输入问题： 你是一位新媒体写作专家。我是一位人工智能领域的教授，需要制作数字人帮助孩子们提升对人工智能的兴趣。请介绍一下，我应该为我的数字人直播文稿如何改写人工智能领域的专业术语。

ChatGPT： 对于人工智能领域的教授来说，要想通过数字人来帮助孩子们提升对人工智能的兴趣，就必须先使复杂的专业术语变得易于理解。以下是一些你可以采取的策略。

1.使用类比和比喻：类比和比喻可以帮助孩子们更好地理解和记忆复杂的概念。例如，你可以把"神经网络"比作人脑，把"训练数据"比作学习的教材，把"算法"比作解决问题的步骤等。这样可以让孩子们更容易理解和记忆这些专业术语。

2.用简单的词语解释专业术语：对于一些复杂的专业术语，你可以试着用更简单的词语来解释它们。例如，你可以把"深度学习"解释为"电脑自我学习的一种方式"，把"神经网络"解释为"电脑模仿人脑工作的方式"等。这样可以避免孩子们在复杂的专业术语面前感到困惑，同时也可以帮助他们更好地理解这些概念。

3.创建有趣的故事：创建有趣的故事是另一种有效的方法。你可以利用故事的力量，将专业术语和概念转化为孩子们可以理解的形式。例如，你可以创建一个关于一个小机器人学习新技能的故事，通过这个故事来解释人工智能的学习过程。

4.将专业术语与日常生活联系起来：把复杂的专业术语与孩子们的日常生活联系起来，也是一个很好的方法。例如，你可以解释说，人工智能就像电脑游戏中的角色，它们可以自己学习和进步，而不需要我们一直告诉它们该做什么。通过这种方式，孩子们可以更直观地理解人工智能的工作方式。

通过以上这些方法，你可以让复杂的人工智能专业术语变得更生动、更有趣，也更易于被理解。这样，孩子们就可以在轻松愉快的氛围中了解人工智能，从而激发自身对人工智能的兴趣。

可以看出，ChatGPT 为我们提供的一系列建议都很有实用性。如果我们能够在数字人直播时始终把握住语言的准确性与生动性，那么，我们的数字人直播将帮助更多观众学习到前沿知识，以及帮助我们树立和巩固自身的良好品牌形象。

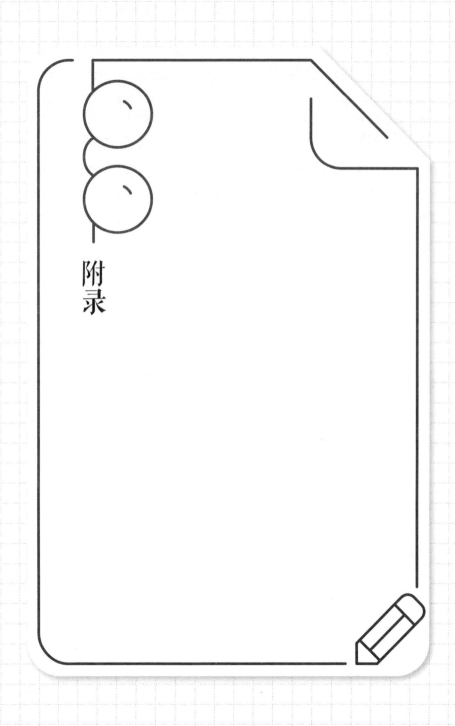

附录

近年来，在人工智能行业，中美两国一直都是表现最为出色的国家，在全球各类人工智能行业的优秀论文、顶尖学者、独角兽企业等排行榜中，中美两国的入选者数量总能位列前两名，就是对此的有力证明。

人工智能大模型领域的发展状况，同样也不例外。

百度、科大讯飞等科技公司，中国科学院、复旦大学等学术研究机构，都相继发布了人工智能大模型产品，这让国内的人工智能行业迎来又一次创新热潮。根据科技部新一代人工智能发展研究中心主任赵志耘的分析，大模型这条技术路线已经打破了摩尔定律的常规，如果要用代际来作为差别的话，我们和国外领先的大模型相比，应该不存在代际差异。

如雨后春笋般争相涌出的国内人工智能大模型，将有望为数以亿计的国内互联网用户带来全新的智能化体验。这些人工智能大模型如下。

文心一言：文心一言是一款由百度推出的人工智能大模型。它基于百度在搜索、人工智能等领域的技术储备，能够进行文本生成、对话生成、情感分析等任务。文心一言在各种公开的基准测试中获得了一系列成绩，展现了人工智能技术在自然语言处理领域的强大潜力。目前，它已被广泛应用于百度提供的各种产品和服务中，如搜索、在线客服、智能推荐等。

讯飞星火：这是科大讯飞研发的以中文为核心的新一代认知智能大模型，它能够在与人自然对话互动的过程中，同时提供内容生成能力、语言理解能力、知识问答能力、多题型步骤级数学能力、推理能力、代码理解与生成能力等多种能力。此外，它也可以对多元能力实现融合统一，对真实场景下的需求，具备提出问题、规划问题、解决问题的闭环能力。同时，它还能够结合科大讯飞以及行业生态伙伴的相关产品，完成多模态理解和生成等相关工作。

通义千问：通义千问是由阿里云推出的大规模语言模型，它具有跨模态和多轮对话的能力，并支持多轮对话和多轮知识推理。相比较小规模的语言模型，通义千问的参数量大幅度增加，它可以进行大规模的训练，进而支持更复杂和更精细的任务。通义千问具有较强的自然语言处理能力，可以较清晰、准确地理解并回答用户的问题。同时，它还具有出色的文本生成能力，可以生成高质量的文本，并自动进行文本摘要和翻译等任务。

此外，通义千问还可以与用户进行多轮交互，帮助用户快速有效地解决各种问题。阿里云将通义千问的能力应用到了广泛的领域中，例如文本创作、知识推理、多轮对话、多模态理解等。

盘古：华为的盘古大模型是一个大规模的自然语言处理模型，具有跨模态和多轮对话的能力，并支持多轮对话和多模态知识推理。盘古大模型由华为云训练而成，具有更高的语言理解能力、语义分析和生成能力，能够更加精准地理解和处理人类语言输入，更加高效地进行多轮对话。盘古大模型在实践中具有广泛的应用场景，例如智能客服、智能推荐、智能搜索等。它可以与用户进行多轮交互，快速准确地回答用户的问题，提供个性化的推荐和搜索结果。此外，盘古大模型还可应用于自然语言翻译和生成等任务，提供更为精准、高效的多语种文本生成和翻译能力。

紫东太初：这是由中国科学院自动化研究所和武汉人工智能研究所推出的新一代大模型，从三模态走向全模态，它同时具备了跨模态理解与跨模态生成能力，取得了预训练模型方面的突破性进展。紫东太初基于全栈国产化基础软硬件平台，以多模态大模型为核心，可支撑多种场景下的 AI 应用。其六大核心能力分别为多模态统一表示与语义关联、跨模态内容转化与生成、预训练模型网络架构设计、标注受限自监督模型学习、模型适配与分布式训练以及模型轻量化与推理加速。

MOSS：它是复旦大学自然语言处理实验室发布的一款对话式大型语言模型。MOSS 可执行多项交流任务，比如生成交流对话、事实问答、编程等，由此打通使人工智能大模型分析人类语义并与人类开展交流的一系列技术路径。在未来结合了复旦大学在人工智能和相关交叉学科的更多技术成果后，MOSS 在辅助科学家进行高效科研等方面的能力有望得到进一步提升。

商量 SenseChat：这一人工智能大模型由商汤科技发布，具备多轮对话以及理解超长文本的能力。与此同时，它还支持多项创新功能，比如能够提高开发者编写和调试代码效率的编程助手，可以为使用者提供个性化医疗建议的健康咨询助手，可以从复杂文档中有效提取和概括要点的 PDF 文件阅读助手等。

曹植：它是达观数据旗下的人工智能大模型，其目标任务主要是针对长文本的输出。不同于常见的简短问答式文本生成，这一人工智能大模型具备独特的能力，能够进行复杂的长文本创作。它可以自动创建多种类型的文档，并具有一系列特色功能，如自动排版、文本润色、智能错误检查以及自动摘要生成等。此外，它还能生成包含多种元素的文档，如图表、表格以及图片等。这个模型支持数十种语言的写作，包括中文、英文、德语、法语以及日语等。它可以帮助人们提高工作效率，特别是在多语言文档密集处理的场景中，它可以将文档的标题、段落等完全翻译成目标语言的格式，提供即时的全新翻译体验。

天河天元：天河天元是国家超算天津中心打造的中文语言大模型。在学术研究、文学写作、知识查询等多个专业领域，天河天元都有着广泛的应用空间。天河天元拥有良好的人类语言理解和生成能力，能够理解不同领域的文本并流畅回答问题。无论是查询信息、阅读文学作品、解读法律条文还是寻找医学知识，天河天元都能为使用者提供有效的帮助。此外，天河天元具备良好的文本生成与创作能力，可以自动生成多种风格和类型的文章，为创作者提供素材与灵感。在撰写小说、编写新闻报道、创作诗歌等多种使用场景中，天河天元都有望成为创作者的好伙伴。

除了上述人工智能大模型以外，国内各大科技公司或学术研究机构已发布或即将推出的人工智能大模型还有很多。所有这些在不同主攻领域内各有所长的国内人工智能大模型，共同描绘了人工智能行业绚丽多彩的大模型创新前景。在使用这些人工智能大模型时，我们可以结合自己的使用习惯以及这些大模型的各自特长领域，选取更适合目标任务的大模型来开展交流对话。

使用这些国内人工智能大模型的方法，也与使用ChatGPT的方法有相似之处。此前，我们在各章节中详尽探讨过的洞察提示词发挥关键节点效应的3个步骤，依然在一定程度上适用于编写与国内人工智能大模型交流的提示词。

接下来，我们可以以文心一言为例，看一看如何运用塑造高成就角色、给出开放性指令以及设定期望目标的策略，完成与国内大模型的交流。

◎ 文心一言：许多英、美、意等国家的传世文学经典中，都穿插有法语单词、短语乃至格言，这是因为法语在文学、艺术、科学等领域有着深厚的传统和贡献，因此在欧美文学中占有重要的地位。

首先，法语作为欧洲最古老的语言之一，拥有着丰富的历史和文化背景。在中世纪和近代时期，法国是欧洲的文化中心之一，涌现出了许多杰出的文学家、哲学家和艺术家，其作品不仅在法国本土广受欢迎，而且在欧洲其他国家也广为流传，对欧美文学产生了深远的影响。

其次，法语作为国际语言之一，曾经是欧洲上流社会和知识分子的通用语言。这些人在法国文化和法语的影响下，将法语元素融入自己的文学作品和思想体系中，使许多欧美文学经典中都出现了法语单词、短语乃至格言。

此外，法语文学作为世界文学的重要组成部分，也具有独特的艺术魅力和思想深度。法国文学经历了多次文学变革和发展，产生了许多独具特色的文学流派和作品。这些作品不仅丰富了世界文学的宝库，也为我们提供了不同的视角。

总之，法语文学在欧美文学中具有非常重要的地位和影响力。法语作为欧洲文化的重要组成部分，为世界文学的发展做出了重要的贡献。同时，法语文学也为欧美文学提供了许多新的思路和灵感来源，促进了欧美文学的发展和进步。

通过我们合理运用扮演高成就角色的提示词撰写技巧，文心一言可以为我们给出更言之成理、脉络清晰的回答。

◎ 文心一言：分析一颗星球是否适合人类居住需要考虑多个因素，以下是一些主要的因素。

大气成分：我们首先需要确定大气中的氧气含量是否适宜，因为氧气是人类生存的基本条件之一。同时，我们还需要考虑其他重要气体成分，如二氧化碳、甲烷等。

气候：星球的气候也是决定其是否适合人类居住的重要因素。我们需要考虑星球的平均温度、极端温度、降雨量、湿度等因素。

辐射防护：某些星球的辐射水平可能较高，例如木卫二等，对于人类来说，长期暴露在高辐射环境中可能会对健康产生负面影响。

地质：星球的地质也是我们需要考虑的因素之一。如果星球的地质活动频繁，例如火山经常喷发等，可能会对人类生存造成威胁。

水：水是人类生存的必需品，因此我们需要确定星球上是否存在水源。如果星球上有液态水存在，那么它就更有可能适合人类居住。

土壤：土壤的类型和质量会影响到农业生产和植物生长。肥沃的土壤可以提供丰富的食物来源，对人类生存至关重要。

生态多样性：一个健康的生态系统可以提供环境保护和生态平衡。我们需要考虑星球上是否存在生物多样性以及它们对环境和气候的影响。

不难发现，给出开放性指令，可以更好地激发人工智能大模型的创造力和想象力。在全面理解、分析问题后，其给出的回答才会具有更高的含金量。

输入问题：你是一位历史学家。中国历史源远流长，请问，有没有什么口诀可以帮助我们全面且便捷地记忆中国古代历史朝代？

文心一言：这里有一个口诀可以帮助你全面且便捷地记忆中国古代历史朝代。

夏商与西周，东周分两段。春秋和战国，一统秦两汉。三分魏蜀吴，二晋前后沿。南北朝并立，隋唐五代传。宋元明清后，皇朝至此完。

这个口诀的每句话都对应着一个特定的历史时期或朝代，下面是对其每句话含义的分析。

夏商与西周：指的是中国最早的三个朝代，即夏朝、商朝和西周。

东周分两段：东周又分为春秋和战国两个时期。

春秋和战国：春秋时期和战国时期，是中国历史上的两个重要阶段。

> **一统秦两汉：**秦始皇统一了六国，建立了秦朝；汉朝分为西汉和东汉两个时期。
>
> **三分魏蜀吴：**三国时期，曹魏、蜀汉和孙吴三足鼎立。
>
> **二晋前后沿：**晋朝分为西晋和东晋两个时期。
>
> **南北朝并立：**南朝包括宋、齐、梁、陈四个朝代，北朝包括北魏、东魏、西魏、北齐、北周五个朝代。
>
> **隋唐五代传：**隋朝统一了南北朝，唐朝是中国古代的一个辉煌时期，五代则是指后梁、后唐、后晋、后汉、后周五个朝代。
>
> **宋元明清后：**这句话指的是中国历史上的宋朝、元朝、明朝和清朝。
>
> **皇朝至此完：**这句话指的是从夏商到清朝，中国古代历史上的主要朝代都已经介绍完毕。

我们会发现，正确设定期望目标，可以良好地形塑国内人工智能大模型回答的干货内容，使信息传递的效果更理想。

塑造高成就角色、给出开放性指令以及设定期望目标等提示词撰写策略，对包括文心一言在内的国内人工智能大模型依然有适用之处。通过更好地发挥提示词的关键节点效应，我们将同样可以与国内的一系列人工智能大模型开展双向奔赴的交流，使之成为我们突破预设写作瓶颈、建立坚实创作基础、提高成稿能力的靠谱助手。